CLAUDIUS PTOLEMAEUS

# TETRABIBLOS

# KLASSIKER DER ASTROLOGIE

Claudius Ptolemaeus wurde um 100 n. Chr. geboren, lebte in Alexandrien als Geograph und Astronom, wo er um 178 starb. Sein Hauptwerk ist die *Megale Syntaxis* oder *Constructio mathematica*, meist mit dem abgekürzten arabischen Titel *Almagest* bezeichnet. Es stellt in 13 Büchern das ptolemaeische Weltsystem dar.

Die *Tetrabiblos* oder *Quadripartium* bilden in vier Büchern die Grundlage der Astrologie. Ferner schrieb Ptolemaeus: *Cosmographiae libri VIII*, eine antike Länderkunde und *Elementorum harmonicorum III*, drei Bücher über die Akustik.

Der neuplatonische Philosoph Proklos (411 – 485 n. Chr.) schrieb einen Kommentar zu den Tetrabiblos: *Paraphrasis in Ptolemaeum de siderum effectibus*. Alfons X. von Kastilien (1252 – 1282) ließ die Tetrabiblos aus dem Arabischen ins Spanische übersetzen. Aus dem Spanischen wurden sie in schlechtes Latein übertragen.

Die Tetrabiblos wurden schon früher gedruckt als die anderen Hauptwerke des Ptolemaeus, der Almagest und die Kosmographie. Im Januar 1484 druckte der Augsburger Radolt in Venedig die lateinische Übersetzung der Tetrabiblos. Die Basler Ausgabe von 1551 ist ein wörtlicher Abdruck nach Radolt. Camerarius gab 1535 die erste von arabischen und spanischen Übersetzungsfehlern gereinigte Ausgabe des *Tetrabiblos syntaxis* heraus nebst einer lateinischen Übersetzung der beiden ersten Bücher.

Melanchton besorgte im Jahre 1553 die der vorliegenden Ausgabe zugrundeliegende griechische und lateinische Version, die 1923 ins Deutsche übertragen wurde. Die erste Übersetzung in die deutsche Sprache erstellte der Erlanger Professor Dr. Julius Wilhelm Pfaff in dem von ihm herausgegebenen *Astrologischen Jahrbuch* für die Jahre 1822 und 1823.

CLAUDIUS PTOLEMAEUS

# TETRA BIBLOS

*Nach der von*
*Philipp Melanchthon*
*besorgten seltenen Ausgabe*
*aus dem Jahre*
*1553*

CHIRON VERLAG

ISBN 978-3-925100-17-8

3. Auflage 2012

Umschlag: Walter Schneider, Stuttgart
Druck: SDL, Berlin

Zu beziehen durch den Buchhandel oder direkt beim
Chiron Verlag, Postfach 1250, D-72002 Tübingen
www.chironverlag.com

# INHALT

*Ptolemaeus als Vater der Astrologie.*
*Holzschnitt von E. Schön (1515)*

# VORWORT

„König der Astrologen“ nannte man den Mathematiker, Geographen, Astronomen und Astrologen Claudius Ptolemaeus (100 – 178 n. Chr.). Sein aus vier Büchern bestehendes Werk *Tetrabiblos* wurde zur „Bibel der Astrologen“. Wie kaum ein anderes Buch der Antike hat es die Astrologie des Abendlandes über mehr als zehn Jahrhunderte beeinflußt. So schrieb noch 1300 Jahre später der Reformator Philipp Melanchthon in der Vorrede zu seiner Neuausgabe der Tetrabiblos: „ ... in Erinnerung an Ptolemaeus, dessen Geist Gott entflammt hat.“

Ptolemaeus war das, was man heute einen Kosmopolit nennt. Als Grieche im ägyptischen Alexandria geboren, haben seine Bücher vor allem auf die römische Kultur gewirkt. Sein Verdienst als Astrologe liegt vor allem in der Aufarbeitung des antiken Wissens. Lange Zeit wurde von wissenschaftlicher Seite bezweifelt, daß ein solch genialer Denker wie er tatsächlich der Autor der Tetrabiblos gewesen war. In der Antike war es nämlich üblich, Bücher unter falschem und berühmterem (!) Namen zu veröffentlichen, um das Werk so bekannter zu machen. Dies geschah zum Beispiel mit den astrologischen „Prognostiken über bettlägerige Kranke“, die unter dem Namen Galenos zirkulierten, obwohl sie von einem völlig unbekannten Autor verfasst wurden. Noch in heutigen modernen Astrologiebüchern findet man diese falsche Angabe.

Auch in bezug auf die Tetrabiblos ging man von einem unbekannten Autor aus. Ende letzten Jahrhunderts wurden diese Zweifel jedoch ausgeräumt. Wir wissen, daß Ptolemaeus sein Werk in der Zeit zwischen 139 – 161 n. Chr. in Alexandria schrieb.

Die epochemachende Bedeutung der Tetrabiblos besteht in der kritischen Aufbereitung der babylonischen, griechischen und ägyptischen Astrologiekenntnisse. Ptolemaeus hat das astrologische Wissen seiner Zeit vom „religiösen Beiwerk“ gereinigt. Dies wird insbesondere deutlich, wenn man die Tetrabiblos mit der eigentlichen „Astrologiebibel“ der antiken Astrologen, dem Werk von Nechepso/Petosiris (ungefähr 2. vorchristliches Jahrhundert), aber auch wenn man sie mit Büchern der römischen Astrologen Vettius Valens oder Firmicus Maternus vergleicht.

So hat Ptolemaeus z.B. aufgeräumt mit der uferlosen Fixsterndeutung der antiken Astrologie, sich für den tropischen Tierkreis verwendet und einige Kriterien für die wirklich bedeutsamen Fixsterne vorgeschlagen (siehe I. Buch der Tetrabiblos). Die noch bei Nechepso/Petosiris wichtige Dekanlehre wird von Ptolemaeus als „wirre Schwärmerei“ abgelehnt, weil Astrologie eine Wissenschaft sei.

Da sich die meisten antiken Astrologen mehr oder weniger an den Werken von Nechepso/Petosiris orientierten, kann Ptolemaeus' Astrologiereform erst im Vergleich zu diesen Büchern richtig eingeschätzt werden. Hinter Nechepso/Petosiris, den Namen eines an Astrologie interessierten Pharaos und seines Priesters, verbergen sich neuägyptische bzw. hellenisierte Astrologen (ca. 2. Jhdt. n. Chr.), die sich dieses Pseudonyms bedienten. Über die Quelle des Astrologiewissens lesen wir bei Nechepso/Petosiris:

„Eine ganze Nacht schaut er betend zum Himmel empor, da vernimmt er von droben herab eine göttliche Stimme, ‘aus dem dunklen Gewand des Nachthimmels’. So erfährt er die ganze unvergängliche Ordnung in den Bewegungen des Weltalls.“ (zitiert nach Thomas Schäfer, *Vom Sternenkult zur Astrologie*, Solothurn, 1993, S. 121).

In der Abgrenzung von solch mystischen Offenbarungen, sucht Ptolemäus sein Bild von der Astrologie mit Hilfe der damaligen Wissenschaften zu untermauern. Sehr modern klingt es z.B. für uns, wenn Ptolemaeus zugibt, daß die Astrologie unvollkommen ist, und dies nicht nur, weil es auch schlechte Astrologen gibt, sondern auch weil noch andere als nur astrologische Einflüsse berücksichtigt werden müssen.

Allein die historische Wirkung der Tetrabiblos sollte für den heute praktizierenden Astrologen Anreiz genug sein, sich mit dem Text auseinanderzusetzen. In Buch I wird auf die Grundlagen der Astrologie eingegangen und im zweiten Teil findet sich unter anderem eine Darstellung der geographischen Astrologie und der Meteorologie. Besonders interessant dürften für die meisten Leser die Bücher III und IV sein, die die Geburtsastrologie darstellen. Auch wenn uns „Modernen“ die eine oder andere Deutung befremdlich erscheinen mag, so z.B., daß eine ungünstige Stellung von Saturn und Venus lasterhaft mache, so können wir an anderen Stellen Anregungen finden, mit denen man einfach einmal „spielen“ kann. Hier sei nur ein Beispiel von vielen erwähnt: Wenn man Näheres über Vater und Mutter wissen möchte, mache man den IC zum Aszendenten des Vaters und das MC zum Aszendenten der Mutter und lese es wie ein Geburtshoroskop (III. Buch).

Überhaupt sind Neugier und spielerischer Umgang genau das, was ich dem heutigen Leser im Umgang mit diesem Klassiker wünsche.

*Heidelberg-Eppelheim im Dezember 1994* *Thomas Schäfer*

*Des Astronomen*

# *CLAUDIUS PTOLEMAEUS*

*Bücher seines Werkes über die astrologische Interpretation, herausgegeben von*

## *Philipp Melanchthon.*

# DAS ERSTE BUCH.

Auf zwiefacher Grundlage, mein Syrus, müssen wir das Gebäude der astrologischen Divination errichten. Die eine, welche auch naturgemäß zuerst Beachtung erfahren muß und das Fundament darstellt, ist die Beobachtung, durch die wir zu jedweder Zeit die Bewegungen der Sonne, des Mondes und der übrigen Gestirne, sowohl hinsichtlich ihrer Verhältnisse zueinander, als auch unserer Erde gegenüber festzustellen imstande sind. Die zweite dagegen ist die Untersuchung, durch welche wir die Veränderungen zu erkennen trachten müssen, die diese Bewegungen in den Erdenkörpern verursachen, nämlich, inwiefern diese Veränderungen in der irdischen Welt den Stellungen der Gestirne entsprechen, wobei wir eben wieder von den natürlichen Eigenschaften der Gestirne auszugehen pflegen. — Der erste dieser beiden Zweige unserer Wissenschaft verlangt eigene, sorgfältige Beschäftigung, auch wenn wir uns mit dem zweiten Gebiet der obgenannten Untersuchungen nicht zu beschäftigen die Absicht tragen; ich habe ihn dir in einem selbständigen Werke mit größester Anschaulichkeit auseinandergesetzt[1]), soweit mir dieses nur irgend möglich gewesen ist.

Hinsichtlich des zweiten Teiles nun werden wir nicht so exakte und unumstößliche Tatsachen geben können, ähnlich der Philosophie, und wenn auch ein wahrheitsliebender Geist nie die Beweise für diesen Teil zu einer exakten Begründung seiner unwandelbaren Lehren zusammentragen kann, sofern wir unsere allgemeine Unvollkommenheit bedenken und die Schwierigkeit uns vor Augen halten, diese Materie ihrem Wesen nach einer untersuchenden Betrachtung zu unterwerfen, so soll doch niemand eine solche Untersuchung, soweit sie nur immer durchführbar ist, verzweifelt aufgeben, da es auf der Hand liegend zu erkennen ist, wie viele Ereignisse von Gewalt und Bedeutung im Leben ihren Ursprung in himmlischen Ursachen finden.

Nun pflegt es aber der Fall zu sein, daß Wissenschaften, die in hohem Maße unergründ-

[1]) Gemeint ist der *Almagest*, der das bis zum Mittelalter unangetastete astronomische System des Ptolemaeus enthält, und bis dahin sozusagen als die Bibel der Astronomie galt. (Der Uebersetzer.)

lich sind, von der Menge verächtlich betrachtet werden. Schmäht jemand jene Wissenschaft, die ich als den ersten und grundlegenden Teil bezeichnet habe (nämlich die Kenntnis der Astronomie), so wird er mit Recht für beschränkt gehalten. Dieser unser zweiter Teil scheint dagegen um so müheloser getadelt werden zu dürfen, oder er wird, weil seine Schlußfolgerungen mit einiger Schwierigkeit verbunden sind, kurzerhand unzuverlässig geheißen. Andere wiederum machen ihn, da man seinen Entscheidungen nicht auszuweichen vermag, als unnützlich verächtlich. So wollen wir also daran gehen, in knappen Zügen zu entwickeln, in welchem Maße die Astrologie möglich, und ihre Voraussagen von Nutzen sind, bevor wir eingehend mit ihren einzelnen Lehrsätzen zu beschäftigen uns anschicken.

Als erstes Mögliche wollen wir die Frage erörtern:

## Was ist das Wesen einer Wissenschaft astrologischer Vorherverkündigung und wie weit vermag diese Wissenschaft vorzudringen?

Zuvörderst liegt es mehr als augenscheinlich auf der Hand und bedarf keiner wortreichen Versicherung, daß Kräfte vom Himmel auf alles Irdische, das den Veränderungen der Allnatur unterworfen ist, niederströmen; so in die sublunarischen Grundelemente, in Feuer und Luft, die durch die himmlischen Bewegungen erregt werden, und welche alles übrige Untergeordnete in sich tragen und also Erde und Wasser, Pflanzen und Tiere beeindrucken. Denn die Sonne beeinflußt alles Irdische zusammen mit dem Himmel nicht nur immer anders infolge der vier Jahreszeiten, denen das Wachstum in der Tierwelt, die Fruchtbarkeit der Pflanzenwelt, das Fließen der Gewässer und die Veränderungen in den Körpern entsprechen, sondern wirkt selbst durch ihren tagtäglichen Lauf erwärmend oder feuchtend, dörrend oder erfrierend in ganz bestimmter Weise und im Einklang mit den Stellungen der übrigen Gestirne, je nach der Breite unseres Ortes. Der Mond scheint ebenso seinen Einfluß auf alles Erdhafte geltend zu machen, da fast alles Beseelte und Unbeseelte die Kraft des Mondes und seine Wirkung zu empfinden vermag. Die Gewässer wachsen und fallen mit ihm, es ahmen seinen Auf- und Niedergang Ebbe und Flut des Meeres nach, Pflanzen und Tiere, sei es nun ganz, sei es in einzelnen Teilen, beginnen zu schwellen und zu strotzen, wenn er im Zunehmen ist, und versiegen und dörren, wenn er wieder abnimmt.

Ebenso zeigen die Gestirne, seien es Fixsterne oder Planeten, in den Lüften die schwüle

Hitze ebenso an wie die Schneekälte und verkünden so, woher alles Irdische beeinflußt wird. Vereinen sie sich aber, so mischen sie die ihnen eigentümlichen Kräfte miteinander und verursachen die verschiedensten Wetterwendungen. Wenn nun auch die augenblickliche Kraft und Wirkung der Sonne jedesmal das Vorherrschende ist, im Hinblick auf den allgemeinen Zustand, so verstärken oder schwächen doch jedesmal die übrigen Gestirne dann diese Wirkung nach irgendeiner Richtung hin.

Die Wirkungen des Mondes sind offensichtlichere und kehren häufiger wieder, wie infolge der Konjunktion, in den Quadraturen und bei Vollmond. Die übrigen Gestirne dagegen weisen längere Zeiträume betreffs ihres Wirkens auf und zeigen auch nicht die gleiche Offensichtlichkeit, da zuzeiten ihre Wirkung erscheinen kann, ein andermal verdeckt wird, wiederum ein andermal ihre Wirkung sich auf eine längere Zeitspanne auseinanderzieht. Wenn jemand nun diese Wirkungen erkennt, so wird er begreifen, daß alle Körper, nicht nur erst, nachdem sie geboren und vollkommen sind, durch die Wirkungen der himmlischen Gestirne beeinflußt werden, sondern daß selbst der *Same* aller Wesen im frühesten Beginne Gestalt und Wachstum von den jeweiligen Kräften des Himmels erhält. Darum ziehen auch die Landleute und die Schäfer, die man als die sorgfältigsten vor allen anderen kennt, wenn sie die Tiere zur Bedeckung einander zuführen oder ihre Aecker bestellen, aus den jeweiligen Witterungseinflüssen ihre Vermutungen über den Verlauf ihrer Besorgungen. Schließlich sind die vorzüglichsten Auswirkungen und bezeichnendsten Kennzeichen der Sonne wie des Mondes und der übrigen Gestirne bis zu einem solchen Grade zuverlässig, daß selbst jemand ohne jede Bildung durch bloße Beobachtung ihre Ergebnisse betreffs der Natur zu erschließen vermag. Mehr noch zeigen, was solche Wirkungen betrifft, die einer Alles überragenden Ursache entspringen und zu den einfacheren Arten der Naturerscheinungen gerechnet werden müssen, selbst vollkommen Ungeschulte, ja sogar stumpfe Tiere eine Art von Ahnung: wie für die periodisch wechselnden Jahresabschnitte oder für kritische Unwetter-Zeiten. Und eben diese werden nun hauptsächlich durch die Sonne regiert und verursacht.

Wirkungen, welche hingegen aus schwächeren Ursachen erwachsen, erfordern eingehende Beobachtung: wie beispielsweise die Schiffer auf der See die einzelnen Anzeichen der Regenfälle und Windwechsel beobachtet haben, welche in ganz bestimmten Zwischenräumen wiederkehren, infolge der Zusammenstirnungen des Mondes oder der Fixsterne mit der Sonne. Solche Ereignisse überraschen oft unvermutet, da sie für ihr Ausbrechen weder die Zeit noch den Ort kennen, noch auch den Lauf der großen Planeten, der solche Veränderungen hervorbringt.

Sind solche Fälle aber ein Hindernis, daß derjenige, welcher die Wirkungen aller Planeten, wie auch der Sonne und des Mondes, ihre Zeit und ihren Wirkungsort kennt und aus langer beständiger Beobachtung ihre Natur ableitet, nicht nur welchen Rang sie am Himmel selbst einnehmen, sondern auch ihre Möglichkeiten und Auswirkungen, wie, was die Sonne veranlaßt, zu erwärmen, den Mond, Feuchtigkeit zu bringen, daß also derjenige, meine ich, dann über die Art des Wetters aus der Stellung der Gestirne etwas vorauszusagen vermag, was er auf Grund einer der Natur folgenden Beobachtung für wahrscheinlich hält, auch letztlich durch die Verschmelzung aller Einflüsse, so, was für warme oder nasse Zeiten bevorstehen, ferner auf Grund der Beschaffenheit des Himmels über die Charakteranlage des Menschen ein Urteil zu fällen, wie ebenso über die Beschaffenheit seiner körperlichen Anlage, die Art seiner Sitten oder die künftigen Ereignisse, da der betreffende Zustand des Himmels die Art des Charakters harmonisch gestalten kann und ihn geeignet zu einem guten Lebenswandel zu machen vermag, oder aber widersprechend ist und ihm Schaden und Verluste verursacht.

Und daß nun solche Wirkungen vorhanden sind und bei wirklicher Vollkommenheit in unserer Wissenschaft vorhergesehen und vorhergesagt werden können, wird nach diesem und ähnlichem einleuchten.

Da aber einige dies dahin verdrehen möchten, daß die Zuverlässigkeit unserer Wissenschaft aus solchen Gründen schon unmöglich sei, und ihre Beweise also verbrämen, so wird man nach dem hier Gesagten einsehen können, daß diese ihre Gründe ebenso aufgeblasen und gefallsüchtig wie eitel und inhaltslos sind. Besonders, wenn Leute, die diese ganze Sache nicht wirklich studiert haben, oft, wie auf Grund umfangreicher und vielfältiger Studien faseln, daß, wenn wirklich einmal etwas Wahres vorausgesagt worden ist, dieses mehr auf die Rechnung des Zufalls, als auf irgendwelche wissenschaftliche Vorauserkenntnis zu setzen wäre. Auch ist es durchaus ungerecht, einer Wissenschaft Irrtümer zuzuschreiben, welche in der Unzulänglichkeit mancher ihrer Lehrer ihren Grund haben.[2]) Außerdem geben daneben viele Geschäftemacher Vorherverkündigungen für Geld ab, unter dem Namen und Ansehen

[2]) Gedanken, die gerade heute Manche, die in gelehrtem Eifer von falschen Prämissen ausgehend, die astrologische Wissenschaft historisch oder symbolisch zerpflücken möchten, sich zu Herzen nehmen sollten. Sie spielen das gefährliche Spiel der Troer mit dem Schaukelpferde des Ulyss. Der Uebersetzer.

dieser Wissenschaft, die durch natürliche Ursachen garnicht belegt werden können.

Ist dann die Eitelkeit solcher Voraussagungen ans Licht gekommen, so verdächtigen gewisse Ueberweise auch alle anderen Verkündigungen, welche wirklich aus naturgemäßen Ursachen abgeleitet wurden und ziehen über sie her. Das ist jedoch alles, nur nicht gerecht. Ebensowenig wie auch die Philosophie dadurch aus dem Wege zu räumen ist, daß einige, unter dem Vorgeben, sie studiert zu haben, sich als Dummköpfe oder Betrüger herausstellen. Letztlich aber hat es sich ergeben, daß selbst diejenigen, welche mit wirklicher Sorgfalt und als Berufene sich in dieser Wissenschaft umgetan haben, sich zuweilen täuschen, nicht aus den bereits erwähnten Gründen, sondern infolge der Natur der Sache und der Unvollkommenheit menschlichen Geistes, welcher an die Größe dieser Wissenschaft heranzureichen nicht fähig ist. Vor allem auch wäre festzustellen, daß noch alle Wissenschaft über die Beschaffenheit der Materie und vorzüglich über die vielen und verschiedensten Seiten der Wirklichkeit sich mehr in Vermutungen, als auf sicherem Wissen gründet.[3]) Ferner ergibt sich die Möglichkeit eines Irrtums auch noch daraus, daß die früheren

[3]) Heute sagen wir Hypothesen. Ein Einwand, mit dem Pt. noch bis heute, fast 2000 Jahre nach seiner Zeit, recht behalten hat. (Der Uebersetzer.)

Konfigurationen der Gestirne, in denen wir die Beispiele für unser Urteil finden, niemals durchaus mehr den Gestirnstellungen der folgenden Zeiten entsprechen. Denn wohl können sie an sich nach längeren Zwischenräumen mehr oder weniger wieder sich entsprechen, gänzlich jedoch übereinzustimmen vermögen sie niemals mehr.[4])

Denn niemals, besonders nicht in solchen Zeitspannen, die der Mensch zu verfolgen vermag, wird es eintreten können, daß genau der gleiche Stand der Gestirne und die gleiche Verfassung der Welt sich wiedereinstellen. Wenn nicht jemand sich etwa mit dem selbstgefälligen leeren Schein einer höheren Erkenntnis solcher Dinge, die wir niemals gänzlich erfassen können, brüsten wollte. Die Unähnlichkeit dieser unserer alten Beispiele mit neuen Verhältnissen ist daher der Grund, warum sich in astrologischen Prognosen Irrtümer finden können.

Aus solchen Gründen werden an und für sich also schon die Vorhersagungen über die Witterungseinflüsse getrübt, da gleiche Wirkungsmöglichkeiten nie ein zweites Mal sich ergeben, wobei ich von anderen Ursachen, die der Veränderung des Wetters zugrunde liegen können, nicht einmal reden möchte.

---

[4]) nämlich dabei gleichzeitig in ihren Stellungen an den gleichen Orten des Tierkreises usw. (Der Uebersetzer.)

Was jedoch die Geburtsastrologie betrifft, und das Urteil über die einzelnen Charakteranlagen, so macht nebenher noch vieles Andere seine Wirkung geltend, was die Eigenschaften in der Vermischung verändert.

Vor allem birgt die Verschiedenheit des Samens bei der Erzeugung jedweder Natur eine ausgesprochene Macht in sich, und prägt in der Weise dem Geschöpfe seinen Stempel auf, daß unter dem gleichen Himmelsstrich und im selben Augenblicke dennoch durch die Geschlechterverschiedenheit des Samens verschiedene Wesen gezeugt werden, so von Menschen Menschen, von Tieren wiederum Tiere.

Ferner bringen die verschiedenen Gegenden nicht übersehbare Unterschiede an den Geborenen hervor, selbst wenn die Samen dem gleichen Geschlechte der Wesen angehören, wie beispielsweise der Menschen; und mag selbst der Zustand des Himmels bei der Geburt der gleiche sein, so sind doch die Unähnlichkeiten in den verschiedenen Weltgegenden große, bezüglich der Körpergestalt ebenso wie der Seele. Und nehmen wir letztlich an, daß selbst alles Ebenerwähnte übereinstimmen würde, so erzeugen trotzdem Erziehung und Lebensgewohnheit Unterschiede in einem Teil der seelischen Anlage, oder der sittlichen oder im Lebensgange.

Wenn daher auch die Gestaltungsmacht des umgebenden Himmels, aus der auch alles Ebenbesprochene seine Kraft gezogen hat, eine große ist, da denn auch nicht das Geringste vorhanden ist, was von außen her zu den himmlischen Einflüssen noch hinzutreten kann; so wird doch jeder öfters irren, wofern er nicht alles eben Erwähnte zugleich mit den himmlischen Einflüssen berücksichtigt, sondern wenn er alle Kennzeichen unmittelbar allein aus dem Lauf der Gestirne herleiten will, auch selbst dasjenige, was nicht unmittelbar mit ihm im Zusammenhang steht.

Wenn die Dinge sich nun auch so verhalten, und wenngleich zuweilen Irrtümer sich nicht vermeiden lassen bei der Voraussage, so darf deswegen dennoch nicht die ganze Wissenschaft verächtlich gemacht werden. Wie wir weder die Kunst des Schiffers abfällig beurteilen dürfen, auch wenn sich oft Schiffbrüche ereignen, so ziemt es uns, in einem so würdigen und göttlichen Berufe mit dankbarem Herzen alles aufzunehmen, was wir erreichen können; nicht stets von allen Aussagen eine unverrückbare Zuverlässigkeit zu verlangen, gleichsam als hätten wir mit unserer Wissenschaft gänzlich die menschliche Weisheit gepachtet, sondern sie weiter auszubauen und sie durch diejenigen Schlüsse wieder zu vervollkommnen, die von anderer Seite angezogen werden müssen.

Und wie wir es dem Arzte nicht als Mangel anrechnen, wenn er über das Leiden eines Kranken und über seine Natur etwas zu erfahren trachtet, so kann es unter solchen Umständen auch nicht als solcher aufgegriffen werden, wenn wir sagen, daß man sich vorher über die Verhältnisse der Gegend, der Menschenart, ihre Sitten und ähnliche Umstände erkundigen müsse.

## Inwieweit die Lehre von den Wirkungen der Gestirne von Nutzen ist.

Ich habe nun kurz auseinandergesetzt, daß eine Voraussage, die ihre Schlüsse aus den Bewegungen und der Natur der Gestirne schöpft, durchaus möglich ist; und was für die Verkündigung von Einzelheiten des Wetters und der Ereignisse des menschlichen Lebens an Voraussetzungen erforderlich ist: wie einiges auf die Rechnung der Himmelsstriche gesetzt werden muß, welches die Ursprünge der Aktivität des Körpers und der Seele sind, und der zu bestimmten Zeiten eintreffenden Ereignisse oder der Krankheiten, der Langlebigkeit und eines kurzen Lebens, wie auch aller anderen bedeutenden äußerlichen Glücks- oder Unglücksfälle in natürlicher Reihenfolge des Lebens damit verbunden, wie mit dem Körperlichen die Familienverhältnisse und der Umgang, mit dem Seelischen die Ehren und Würden des Lebens und ihre Veränderungen im Laufe der Zeiten. Nun aber wollen wir über den Nutzen, wie unser Vorhaben war, reden. Vorher jedoch wäre festzustellen, was wir als nützlich annehmen wollen und auf welches Gebiet wir dies beziehen wollen.

Fassen wir nämlich die seelischen Güter ins Auge: was kann uns für die Ruhe der Seele, für ihre Freude, ihren Genuß wünschenswert erscheinen, wenn wir unseren Blick über die vielen irdischen und göttlichen Dinge schweifen lassen? — Betrachten wir sie jedoch vom Standpunkt der Nützlichkeit für unser Leibliches, so vermag uns unsere Wissenschaft mehr denn irgendeine andere zu zeigen, was eines Jeden leiblicher und seelischer Konstitution am dienlichsten und zukommendsten ist.

Was aber dem Menschen nicht zu beglückenden Gütern zu verhelfen vermag, oder zu Ehren des Lebens, die zu erringen er verlangt, erscheint von dem zweiten Gesichtspunkt aus der Menge verächtlich, ebenso wie die ganze Philosophie, die ihrem Wesen nach ebensowenig weder die Spenderin noch die Schöpferin solcher Güter ist. Wie wir diese aber trotzdem hochachten, so verschmähen wir auch unsere Wissenschaft nicht, zumal sie uns dafür unbestreitbar einen anderen größeren Nutzen verheißt.

Diejenigen aber, die da behaupten, daß sie überflüssig sei, fühlen sich aus keiner anderen schwerwiegenden Ursache heraus zu ihren Handlungen getrieben, als durch Schicksalsverhängnis. Scheint es doch unnütz, etwas im voraus zu sehen, wenn wir ihm weder durch unsere Sorgfalt in die Hände arbeiten, noch ihm, sofern es schlecht, mit Hilfe unserer Wissenschaft zu entfliehen vermögen. Aber auch das ist unüberlegt gesprochen.

Denn erstlich führen bei Ereignissen, die uns aus diesem Schicksalsverhängnis heraus treffen, Ueberraschung und Ahnungslosigkeit in größte Fassungslosigkeit oder überwältigende Freude. Wissen wir jedoch von dem, was uns bevorsteht, so gewöhnt dies unsere Seele vorher daran und mäßigt ihre Erregung, wodurch sie dem Kommenden gegenüber sich festigt, bis es Wirklichkeit geworden ist und uns in den Stand setzt, es in Frieden und gefaßt entgegenzunehmen.

Dann darf man auch nicht glauben, daß den Menschen aus himmlischer Ursache heraus etwas begegnet, das gänzlich von einem unwandelbaren, göttlichen Entschluß abhängig wäre: so daß gleichsam aus festgelegtem Gesetz notwendig etwas eintreffen müsse und aus keinem anderen Grunde in die Erscheinung treten kann. Denn eine jede Bewegung des Himmels ist wohl durch ein unwandelbares, göttliches und ewiges

Gesetz festgelegt, das Irdische hingegen gibt ihm durch das natürliche und wechselvolle Geschick verschiedenartigsten Ausdruck, denn es empfängt die anstoßende Ursache seines Wechsels vom Himmel, die es immer wieder dem Lauf des Lebens entsprechend in anderer Art zu einem Ereignis formt.

Vieles wiederum trifft die Menschen auf Grund allgemeiner Verhältnisse, nicht infolge irgendeiner Anlage ihrer persönlichen Natur; so, wenn durch große Umwälzungen des Oberen, vor denen man schwer einen Schutz finden kann, ganze Völkerschaften zugrunde gehen. Solches geschieht infolge großer Dürre, Pestilenz oder Ueberschwemmungen, immer, wenn ein kleineres Geschick größeren und mächtigeren Einwirkungen unterliegt.

Anderes wiederum ereignet sich auf Grund der persönlichen Anlage des einzelnen Menschen und entspringt schwächerem und unbedeutenderem himmlischen Anstoß. Haben wir uns diesen Unterschied zu Bewußtsein gebracht, so wird es offenbar, daß alle Ereignisse, seien sie allgemeiner oder persönlicher Natur, so sie aus himmlischer Ursache entspringen, welcher keine Gewalt widerstehen kann, da der Himmel größere Kraft allem Widerstehenden zum Trotz in sich birgt, als Notwendigkeiten eintreten müssen.

Noch andere Ereignisse wieder, die nicht aus unmittelbarer himmlischer Ursache herzuleiten sind, sind, sofern Hilfs- oder Heilmittel dawider hinzutreten, leicht abzuändern; können Mittel dagegen jedoch nicht ergriffen werden, so werden sie ihrem ursprünglichen Anstoß entsprechend ihren Lauf nehmen. Das würde sich jedoch nur infolge eines Mangels menschlicher Erkenntnis ereignen, nicht aber durch Schicksalsverhängung. Es ist dies der Fall bei allen Geschehnissen, die natürlichen Ursachen und ebensolcher Grundlage entspringen. So bergen Gestein, Pflanzen und Tiere, Wunden wie Krankheiten teils Wirkungen der Notwendigkeit in sich, teils können sie unschädlich gemacht werden durch entgegengesetzte Hilfs- und Heilmittel.

So darf man also der Ueberzeugung sein, daß ein Mensch, der diese Möglichkeiten der Natur studiert hat, Ereignisse vorauszusagen vermag, die den Menschen zustoßen können, und zwar auf Grund dieser Naturlehre, nicht aber aus irgendeiner eitlen Meinung heraus.

Die Geschehnisse nun, die aus vielen schwerwiegenden Ursachen entstehen, sind als unvermeidlich anzusehen, die übrigen hingegen, die weniger schweren Ursachen entspringen, sind leicht zu vermeiden; gerade so, wie die Aerzte, die Krankheiten wissenschaftlich beobachten, die tödlichen von den heilbaren zu unterscheiden pflegen.

Ueber diejenigen Ereignisse, die abgeändert werden können, sofern es die Veranlagung zuläßt, werden wir später die Meinung des Geburtsastrologen anhören; je nachdem die Wandlung, den Anlagen des Körpers gemäß mehr oder weniger, dem himmlischen Zustand entsprechend sich ergeben wird, also wird die Krankheit in die Erscheinung treten. Wie auch der Arzt ein Geschwür beurteilend, die Zukunft voraussagt, welches von ihnen wuchernd sein wird und welches eine Fäulnis verursachen wird. Imgleichen kann auch von einem Metall ausgesagt werden: Ein Magnet zieht das Eisen an. Jedes von beiden wird, wenn es seiner natürlichen Wirkungsweise überlassen bleibt, und man nicht weiß, wie diese zu verhindern ist, seiner Natur gemäß den ihm eigentümlichen ursprünglichen Einfluß ausüben. Aber weder brauchen Geschwüre fortwuchern, noch in Fäulnis übergehen, wenn eine Behandlung durch Gegenmittel unternommen wird, noch der Magnet das Eisen anziehen, wenn er mit Knoblauch bestrichen wird. So, wie daher diese Mittel zur Verhinderung aus irgendeinem natürlichen Gesetze heraus eine Kraft des Widerstandes in sich bergen, so vermag etwas Gleiches auch bezüglich der Wirkungen, die von himmlischen Ursachen ausgehen, gesagt zu werden, daß sie nämlich, wenn man entweder das Zukünftige nicht erkennt, oder aber es durch Gegenwirkungen nicht aufzuhalten weiß, ihrer ursprünglichen Natur folgend ihren Lauf nehmen werden. Werden solche Ereignisse jedoch vorausgesehen und durch natürliche Gegenmittel verhütet, die gleichsam aus Schicksalsgesetz eine gegenwirkende Kraft bergen, so sind sie entweder auch abzuwenden, oder können gemildert werden.

Betrachtet man letztlich die gleiche Kraft während der vier Zeiten des Jahres und in ihren einzelnen Wirkungen auf die Körper, so ist es doch wunderbar, weshalb alle einräumen müssen, daß allgemeine Voraussagen möglich sind, sich darauf verlassen und Sorgfalt anwenden, sie zu verhüten. Denn außerordentlich viele unter uns beobachten sowohl die vier Abschnitte des Jahresumlaufes der Sonne, wie auch die Kennzeichen der Fixsterne und die Phasen des Mondes, und wenden große Sorgfalt an, ihren Wirkungen durch Gegenmittel zu steuern. Die Hitze lindern sie durch Kühlendes, die winterliche Kälte durch Wärmendes und geben sich alle Mühe, eine mittlere Temperatur zu erzielen; weiter beobachten sie die Fixsterne vor jedem neuen Abschnitt des Jahres und bevor sie Seereisen unternehmen. Bei der Bedeckung der Tiere, beim Säen von Pflanzen achten sie auf die Stellungen des Mondes und sind durchaus nicht der Meinung, daß diese ihre Sorgfalt unmöglich oder unnütz sei. Warum denn leugnen sie beim einzelnen Geschick, daß eine Voraussage möglich und nützlich sei, da sie doch aus der

Verbindung der genannten Eigentümlichkeiten mehr oder minder Hitze oder Kälte voraussagen?

Da es aber auf der Hand liegt, daß diejenigen, welche kühlende Mittel dagegen ins Feld führen, die Hitzeperioden weniger empfinden, so kann es in der gleichen Weise bei einzelnen Fällen doch ebensogut geschehen, daß man Gegenmittel gegen alles, was übermäßige Erhitzung erzeugt, in Gebrauch nimmt, besonders in unserem Klima[5]).

Nur treffen Irrtümer in Einzelfällen häufiger ein, weil diese nur mit Mühe vorausgesehen werden können, was ja ebenso auch bei den anderen Wissenschaften zutrifft, und ihnen das Zutrauen entzieht. Dann kümmert man sich meistens nicht um Gegenmittel; und äußerst selten ist eine Natur so glücklich, daß sie von Anfang an in einem fort unbehindert etwas vollenden könnte. Daher geschieht es dann, daß man meint, alles müsse sich ungebrochen auswirken und könne nicht verhindert werden.

So stelle ich daher den Satz auf: Wie ein Vorhererkennen, mögen wir uns zuweilen auch irren, dennoch bis zu einem gewissen Grade möglich ist und einer entsprechenden achtsamen Beobachtung würdig, so ist es auch angebracht, den Lehrsatz von der Möglichkeit, Uebles zu verhüten, mag er gleich nicht alles abwenden,

---

[5]) Alexandria. (Der Uebersetzer.)

dennoch, sofern er auch nur einiges verhindert, sei es viel oder wenig, mit Eifer uns zu eigen zu machen und gleich einem wertvollen Schatze mit uns zu führen.

Da bereits die Aegypter einsahen, daß dies der Fall ist, die diese Wissenschaft ganz besonders pflegten, so verbanden sie gleichzeitig mit der Astrologie die Medizin. Denn schließlich hätten sie nicht Linderungs- und Abwendungs- oder Gegenmittel uns überliefert, wenn sie des Glaubens gewesen wären, daß solche Uebel weder aufzuheben noch abzuwenden wären. Dagegen haben sie den Gegenmitteln, welche naturgesetzlich entgegenwirkende Kräfte bergen, den zweiten Platz eingeräumt und sie mit den Voraussagen zum Nutzen Aller eng verknüpft, und nannten diese ihre Lehre die Vereinigung von Medizin und Astrologie, um mit ihr aus der Betrachtung der Gestirne die Anlagen, Ereignisse der Zukunft wie auch die dafür in Betracht kommenden Ursachen zu beurteilen. (Denn ohne deren Kenntnis täuschen die Gegenmittel oft, da sie nicht für alle Körper und Krankheiten in gleicher Art angewendet werden können). Auf Grund medizinischer Kenntnis schöpften sie dann die Vorbeugungsmittel gegen die künftigen Krankheiten wie die Heilmittel für die gegenwärtigen, solche, die nicht täuschten, soweit dies erreichbar ist, aus der Zahl derer, die den einzelnen

Fällen entsprachen und ihnen Widerstand zu leisten vermochten.

Soviel an dieser Stelle darüber. Nun aber wollen wir die Vorschriften anführen, wie es im Unterricht üblich zu sein pflegt, und dabei von der Wesensart der Gestirne ausgehen, so wie sie der Gesetzlichkeit der Natur entspricht und uns beziehen auf älteste Beobachtungen. Als erstes wollen wir über die Kräfte der Planeten, wie der Sonne und des Mondes uns unterhalten.

## Ueber die Kraft der Planeten.

Es ist festgestellt, daß die *Sonne* eine wärmende und gemäßigt trocknende Natur hat; ihre Wirkungen können mit größerer Leichtigkeit erkannt werden infolge ihrer Größe und den augenfälligen Veränderungen der Jahreswechsel. Je mehr sie sich nämlich unserem Scheitelpunkt nähert, um so stärker bewirkt sie Hitze und Trockenheit. Der *Mond* hingegen zeichnet sich durch seine Eigenschaft zu feuchten aus, da er sich nahe der Erde aufhält und der Nachbar feuchter Dünste und Nebel ist.

Ganz offensichtlich beeinflußt er daher nach dieser Richtung hin die Körper, macht sie weich und führt sie meistens in Fäulnis über. In einem gewissen Maße wärmt er auch, da er von der Sonne sein Licht empfängt. *Saturn* wirkt kältend und in einem gewissen Grade austrocknend, weil er dem Anscheine nach am weitesten von der Hitze der Sonne wie von feuchten Dünsten entfernt sich aufhält. Im übrigen verhalten sich Saturn wie alle übrigen Gestirne je nach der Verschiedenartigkeit der Aspekte von Sonne und Mond. Denn mehr oder minder ändern deren Aspekte die Beschaffenheit der himmlischen Einflüsse.

Der Planet *Jupiter* nennt eine gemäßigte Natur sein Eigen, da er die Mitte hält zwischen der kältenden Wirkung Saturns und der brennenden, verzehrenden des Mars. Ebenso wärmt und feuchtet er, da jedoch die wärmende Kraft vorherrscht, so werden die Winde von ihm zu befruchtendem Wirken angefacht.

Beim Planeten *Mars* herrscht die ausdörrende Kraft vor, außerdem aber verzehrt und verbrennt er, wie auch seine Farbe schon der des Feuers ähnelt, und er eine Verwandtschaft mit der Sonne aufweist, da er als nächster den Kreislauf der Sonne umschließt.

Der Planet *Venus* ähnelt, was seine gemäßigte Wirkung anbetrifft, dem Jupiter, aber mit entgegengesetzter Wirkungsart, denn, wenn er als Nachbar der Sonne auch wärmt, so tut er es nicht mit der Stärke wie Jupiter und feuchtet auch mehr, so wie der Mond, der durch seine Größe der benachbarten Erde feuchte Nebel zu sich heraufzieht.

*Merkur* aber zeigt Wirkungsmöglichkeiten nach beiden Seiten, einmal dörrt er und saugt die Feuchtigkeit auf, da er sich nie weit aus der Nachbarschaft der Sonne entfernt bezüglich seiner Länge, ein andermal vermag er zu feuchten, da er der Nachbar des Mondes ist, der der Erde wiederum am nächsten steht. Immer jedoch zeigt er eine plötzliche Wirkung nach beiden Richtungen hin, angestachelt durch die Eile, mit der er die Sonne umkreist.

Da wir nun diese Verhältnisse vorfinden, und da so vier Einflüsse entstehen, zwei befruchtende und belebende, warmer und feuchter Natur, durch die Alles Leben und Kraft gewinnt, und zwei verderbliche und schädliche, kalter trockener Natur, durch die Alles zersplittert und dem Tode geweiht wird, so haben uns die Alten überliefert, daß zwei Gestirne, Jupiter und Venus nämlich, Wohltäter wären, und außer ihnen beiden auch noch der Mond, ihrer gemäßigten Natur wegen und weil sie reichlich Wärme und Feuchte spendeten. Von Saturn und Mars hingegen überlieferten sie uns, sie seien Uebeltäter, da sie eine der ersteren durchaus entgegengesetzte Wirkung hätten, der eine erfrierend, der andere dörrend. Sonne und Merkur jedoch hätten ihrer allgemeinen Natur zufolge Wirkungsmöglichkeiten nach beiden Seiten und paßten ihre Einflüsse denjenigen Gestirnen an, mit denen sie in Verbindung ständen, gleichsam als Mittler.

## Von männlichen und weiblichen Gestirnen.

Da nun weiter zwei ursprüngliche Geschlechter in der Welt vorhanden sind, das männliche und das weibliche, so entspricht die feuchtende Kraft, von der ich soeben sprach, der weiblichen Natur. Denn alles Weibliche ist ganz allgemein feuchter, wohingegen die erhitzende Wirkung dem männlichen Geschlechte entspricht. Aus solchem Grunde heißen darum Mond und Venus weibliche Gestirne, weil sie von Feuchtigkeit überfließen, Sonne, Saturn, Jupiter und Mars hingegen männlich. Merkur hat Teil an beiden Naturen, da er sowohl Dürre wie Feuchte zu erzeugen imstande ist.

Ferner sagt man, daß die Gestirne einen männlichen oder weiblichen Einfluß empfangen durch ihre Stellung, die sie der Sonne gegenüber einnehmen. Männlichen Einflusses sind daher Gestirne, wenn sie morgendlich stehen und der Sonne voraufgehen im Aufstieg, weiblich dagegen, wenn sie abendlich stehen, und der Sonne im Untergange folgen.

Ferner unterscheiden sie sich noch durch ihre Stellung bezügl. des Horizontes. So sind sie männlich, wofern sie östlich stehen, also in dem Quadranten zwischen Aufgang und Medium Coelum und dem zwischen Untergang und Imum Coelum; in den beiden anderen Quadranten sind sie als westliche weiblicher Natur.

## Von Tag- und Nachtgestirnen.

Aehnlich kennt man bezüglich der Zeit zwei hauptsächliche Unterscheidungen, nämlich Tag und Nacht; der männlichen Natur entspricht mehr der Tag, wie auch während des Tages die größere Wärme herrscht, und die Lebewesen tatkräftiger in ihren Unternehmungen sind, die Nacht hingegen mehr der weiblichen, infolge ihrer Feuchtigkeit und der Sehnsucht nach Ruhe. So überlieferten die Alten uns Mond und Venus wären Nachtgestirne, Taggestirne dagegen die Sonne und Jupiter. Teil an beiden Eigenschaften wiederum hätte Merkur: bei morgendlicher Stellung wäre er Tagesgestirn, bei abendlicher Nachtgestirn. Den beiden Uebeltätern aber teilten sie beide Möglichkeiten, indem sie nicht ihrer Aehnlichkeit, sondern im Gegensatz gerade ihrer widersprechenden Natur folgten, zu. Denn mit wohltätigen Gestirnen günstig verbunden, werden sie auch deren Wirkungen mehren helfen, mit schädlichen dagegen in Diesen widersprechender Verbindung werden sie die Heftigkeit in der üblen Wirkung solcher Planeten einschränken. Aus solchem Grunde verbanden sie Saturn, der kältend wirkt, der Wärme des Tages, den dörrenden Mars der Feuchtigkeit der Nacht. So wird jeder von ihnen, besänftigt durch diese Gegenwirkung, gemäßigter.

## Welchen Wert die verschiedenen Stellungen zur Sonne haben.

Auch schon durch ihre Stellungen zur Sonne stärken oder schwächen Mond, Saturn, Jupiter und Mars ihre Kräfte. Von der Konjunktion bis zum Halbmond wirkt so der Mond mehr feuchtend, von da bis zum Vollmond mehr wärmend. Von dort weiter bis neuerdings zum Halbmond trocknend, von dieser Stelle ab bis zum verfinsterten Neumond kältend. Die Planeten dagegen, solange sie morgendlich sind, bis zum ersten Abschnitt ihres Tageslaufes[6]) bringen mehr eine feuchtende Wirkung hervor; von diesem Punkt ab, während sie bis zu der Pforte der Nacht wieder hinuntersteigen, eine mehr wärmende. Vom abendlichen Horizont

[6]) Dem Medium Coelum. (Der Uebersetzer.)

ab bis zum zweiten Abschnitt, dem Imum coelum, eine mehr trocknende; und von diesem zweiten Abschnitt bis dahin, wo ihr Glanz wieder von der Sonne verdunkelt wird, nämlich am Aszendenten, eine mehr kältende. Auf der Hand liegt es auch, daß sie, sofern sie ihre Wirkungen miteinander vermischen, in der uns umgebenden Sphäre des Himmels dadurch eine außerordentliche Verschiedenheit hinsichtlich ihrer Wirkung hervorzurufen imstande sind, und zwar in der Weise, daß stets die eigene Wesensart eines Gestirnes wohl die Oberhand behält, jedoch nach irgendeiner Seite hin durch die Verbindung mit widerstrebenden Plätzen in ihrer Wirkung geschmälert wird.

## Ueber die Wirkungen der Fixsterne.

An dieser Stelle wollen wir sogleich anschließend die Kräfte der Fixsterne durchgehen, die wir aus ihrer Natur ableiten. Ich werde sie in der Weise aufführen, daß ich sie ihrer Aehnlichkeit nach den Planeten anpasse. Beginnen wir mit den Sternen des Zodiak:

**Dazu gehören: α Arietis β Arietis Sheritan.**

Die Sterne im Kopfe des Widders zeigen eine Mischung der Natur des Mars und Saturns. Diejenigen jedoch im Maule des Widders eine der Natur Merkurs ähnliche und ein wenig von der Saturns.

Diejenigen im Hinterfuße gehören Mars Botein
an, die im Schwanze der Venus.

Dort, wo das Bild des Stier gleichsam
abgeschnitten erscheint, haben die Sterne
Venusnatur; die Plejaden dagegen gehören
dem Mond und Mars an, der eine Stern im
Kopfe, zwischen den Hyaden, der, weil er
rötlich brennend schimmert, die *Fackel* genannt Aldebaran
wird, gehört Mars an.

Im Zwillingsbilde befinden sich in
den Füßen Gestirne der Natur Merkurs und in Propus
einem gewissen Grade der Venus, die deutlich Alhena
hellen in den Schenkeln dagegen haben die Wasat
Natur Saturns. In den Köpfen befinden sich
zwei helleuchtende, von denen der erstere
von Merkurnatur den Namen Apollon, der zweite, Castor
von Marsnatur, den Namen Heracles trägt. Pollux

In den Augen des Krebses befinden sich
zwei Sterne einander ähnlicher Natur, in ihrer
Wirkung mit Merkur und etwas mit Mars
übereinstimmend. Die in den Scheren gehören
Saturn und Merkur zu. Jener Nebelfleck hin-
gegen in der Brust, *Praesepe* genannt, hin-
wiederum dem Monde und Mars. Dicht daneben
befinden sich zwei Gestirne, *Esel* genannt, von
Mars- und Sonnennatur.

Im Rachen des Löwen gehören zwei Ras el Asad
Saturn mit einer leichten Mischung von Mars- $\mu$ Leonis
natur an, im Nacken drei dem Saturn mit einer Algieba,
Mischung Merkurs. Der helleuchtende im $\eta$ Leonis

Herzen des Löwen, *Regulus*, dem Mars und
δ ϑ Leonis Jupiter. Die beiden in den Weichen und der
Denebola glänzende im Schweif haben Saturn- und
Venusnatur. Die Uebrigen in den Schenkeln
τ σ ν Leonis Venus- und in einem gewissem Grade Merkur-
natur.

β ν Virginis Die Sterne im Kopfe der Jungfrau und
der eine oberhalb des südlichen Flügels haben
Merkurnatur mit einer Mischung von Mars.
η δ γ Virg. Die übrigen leuchtenden im Flügel und im
Gürtel diejenige Merkurs und ein wenig der
Venus. Der helle im nördlichen Flügel aber,
Vindemiatrix, Saturn- und Merkurnatur,
Spica dagegen besitzt Venusnatur mit einer
Mischung von Mars. Die übrigen in den
λ ι κ φ μ Virg. Füßen und im Saume des Gewandes ebenfalls
Venus und ein wenig Marsnatur.

Die Sterne der Wage, die die äußersten
Scheren des Skorpions bilden, sind Jupiter
Zuben el akrab γ Librae und Merkur ähnlich. Diejenigen dazwischen
dem Saturn und etwas dem Mars.

δ Scorpii Akrab Die leuchtenden in der Stirn des Skorpion
selbst haben Marsnatur mit einer Mischung von
Saturn. Die drei hingegen im Körper, deren
hellster und tödlichster *Antares* heißt, Marsnatur
und im gewissen Grade Jupiternatur. Diejenigen
in den Windungen des Schwanzes gehören
Saturn und etwas der Venus an. Der *Stachel
des Skorpions* hingegen Merkur und Mars. Der
*Nebelfleck* jedoch dem Mars und dem Mond.

Die Sterne des Schützen, im Pfeil des- φ Sagittarii
selben, gehören dem Mars und dem Monde zu,
die im Bogen und derjenige in der Sehne, wo λ σ Sagitt.
die Hand angreift, zeigen Jupiter- und Mars-
natur. Der Kreis im Antlitz Sonnen- und Mars-
natur. Die im Gürtel und im Rücken tragen ν ξ ο Sagitt.
die Natur Jupiters und Merkurs. Diejenigen ζ Sagitt.
in den Füßen gehören der Jupiters und Saturns an. Das Viereck im Schwanze hat Venusnatur mit einer Beimischung Saturns.

Die Sterne in den Hörnern des Steinbockes α β Capric.
haben Venusnatur und ein wenig von der des Mars, die im Maule gehören Saturn zu mit einer Mischung von der Natur der Venus. Die in den Füßen und im Bauch Mars und Merkur. Im Schwanze Saturn und Jupiter.

Die Sterne in der Schulter des Wasser- α β Aquarii
mann, der linken Hand und im Gewande sind Saturn- und Merkursterne. In den Schenkeln gehören sie mehr Merkur zu, im minderen Maße Saturn. Die Sterne in der ausgeschütteten Wassermenge Saturn und im gewissen Grade
Jupiter. ψ λ η Aquarii

Die Sterne im Kopfe des südlichen β γ Piscium
Fisches tragen Merkur- und etwas Saturn-
natur, diejenigen im Körper selbst Jupiter- und ι, ϑ λ κ Piscium
Merkurnatur, im Schwanze und im südlichen ω Piscium
Bande nähern sie sich der Wirkung Saturns und mit einer Mischung Merkurs.

Diejenigen, die den Körper und das Rück-

grat des nördlichen Fisches bilden, haben Marsnatur mit einer Mischung von Venus. Die im nördlichen Bande nähern sich der Natur des Saturn und Jupiter. Der leuchtende im Band-
α Piscium knoten gehört dem Mars an und zu einem Teil dem Merkur.

In dem Teil des Himmels nördlich vom Zodiak gehören die glänzenden Sterne des kleinen Bären dem Saturn und zu einem Teil der Venus. Im großen Bären dagegen haben die Sterne Marswirkung. Unter dem Schwanze des letzteren befindet sich das Haupthaar der Berenice, von Mond- und Venuswirkung. Die leuchtenden Sterne des Drachen tragen vereinte Saturn-, Mars- und Jupiter-Wirkung. Cepheus hat Saturn- und Jupitercharakter. Die Sterne des Bootes Merkur- und Saturnart. Der rötlich schimmernde, leuchtendste von ihnen, *Arktur,* besitzt Jupiter- und Mars-Charakter.

Die nördliche Krone gehört Merkur und Venus zu. Herkules (Geniculator) dem
Vega Merkur. Die Leyer gehört Venus und Merkur,
Deneb ebenso der Schwan. Kassiopeia dem
Shedir Saturn und der Venus. Perseus dem Jupiter
Algenib und Saturn. Der Kreis im Knaufe des Schwertes Mars und Merkur.

Capella Im Fuhrmann gehören die leuchtenden Sterne dem Mars und Merkur an. Die zur Schlange gehörigen sind Saturn- und Venussterne. Die Schlange selbst gehört Saturn und

Mars. Der Pfeil dem Mars und zu einem gewissen Teile der Venus. Der Adler dem Mars und Jupiter. Der Delphin dem Saturn und Mars. Die helleren Sterne des Pegasus sind Mars- und Merkursterne. Andromeda angehört der Venus, der Triangel dem Merkur.

Der südliche Teil des Sternhimmels. Der leuchtende Stern im Maule des südlichen Fisches hat Venus- und Merkurnatur. Die Sterne des Walfisches gehören Saturn an. Die Schultersterne Orions Mars und Merkur. Seine weiteren leuchtenden gehören Jupiter und Saturn. Der äußerste, helleuchtende des Eridanus dem Jupiter, die anderen dem Saturn. Der Hase hat Merkursterne. Der Hund solche von Venusart. *Sirius* in seiner Schnauze, Blitze schleudernd, gehört Jupiter mit einer Mischung von Mars - Art. Die leuchtenden Sterne der Hydra tragen Saturn- und Venus-Wirkung.

Der Becher hat Venus- und etwas Merkurnatur. Der Rabe zeigt Mars- und Saturnart. Die leuchtenden Sterne im Argonautenschiff sind Saturn- und Jupiterart. Im Centauren gehört der menschliche Teil der Venus und Merkur an, die hellen Sterne in der Pferdebildung sind der Venus und Jupiter der Art nach. Die hellen im Wolfe sind Saturnsterne mit einer Beimischung von Mars-Charakter. Der Altar gehört der Venus mit einer Mischung von Saturnart. Die glänzenden Sterne der südlichen Krone tragen Saturn- und Merkur-Charakter.

## Ueber die Abschnitte des Jahres und die Natur der vier Winkel.

So also ergaben sich die den Fixsternen eigentümlichen Kräfte nach den Beobachtungen der Alten. Weiter müssen nun auch die Zeiten des Jahreslaufes berücksichtigt werden: Der Frühling, Sommer, Herbst und der Winter.

Der Frühling überfließt von Feuchte, denn wenn das Eis geschmolzen, beginnt die Luft sich durch die Wärme aufzuheitern.

Heißer ist der Sommer, wo die Sonne in der größten Nähe unseres Scheitelpunktes angelangt ist.

Der Herbst ist trockener, dörrender, da durch den voraufgegangenen Sommer alle Feuchte zerdünstet ist.

Kälter wieder ist der Winter, wo die Sonne von unserem Scheitelpunkt am tiefsten entfernt steht.

Hat nun auch gleich der Zodiak keinen Anfang, da er einen in sich geschlossenen Kreis darstellt, so setzten die Alten doch den Widder als das erste Zeichen, weil in ihm die Frühlingsnachtgleiche liegt; da sie die feuchte

Natur des Frühlings gleichsam als die Grundlage alles Lebendigen ansahen. Von dort aus zählten sie nun alle anderen Jahreszeiten weiter.

Denn alles Lebendige ist im Beginn seines Daseins, wo alles weich und zart ist, geradeso wie der Frühling, erfüllt von Feuchtigkeit. Im zweiten Lebensabschnitt, solange die Rüstigkeit der Begleiter des Lebens bleibt, wächst ihre Lebenswärme, geradeso wie beim Sommer.

Den dritten Lebensabschnitt, wenn die Energie nachläßt und die Auflösung einsetzt, erfüllt eine dörrende Trockenheit, gleichwie im Herbste.

Der letzte Abschnitt ist voll Kälte wie der Winter, da er dem Tode am nächsten ist.

So unterscheiden sich auch die vier Winkel ihrer Natur nach voneinander. Sie sind die Weltecken, aus denen die Winde, alles jederzeit überbrausend, ihren Weg antreten.

Der östliche Winkel ist trockener, da, wenn die Sonne in ihm aufgeht, alles, was über Nacht von Nässe überfeuchtet wurde, im Augenblick zu trocknen beginnt. So sind auch alle der Sonne unterworfenen Winde ohne Feuchtigkeit und trocken.

Der Mittag ist heißer, da die Sonne auf dem Gipfelpunkt ihrer Bahn brennender glüht, und da die Himmelsmitte durch die Lage der Erde weiter nach Süden geneigt liegt. Also sind auch die südlichen Winde heißer und lockernder.

Der westliche Winkel ist feucht, da, wenn die Sonne in ihm angelangt ist, die tags aufgesogene Feuchtigkeit wieder ungehindert aufzusteigen und sich zu verteilen beginnt. Und so sind auch die Zephirwinde schmeichelnd und feucht.

Kalt ist der Norden, der durch die Lage der Erde am weitesten von dem Ursprung der Wärme, also dem Gipfelpunkt der Sonne entfernt ist, denn er ist die Tiefe zu der Höhe. Und so ist auch Boreas, der Nordwind, kalt und vereisend.

Diese Unterscheidung ist notwendig, wenn es sich darum handelt, die Mischung von Planetenwirkungen zu beurteilen. Denn nach diesen Verhältnissen der Zeiten, des Jahres, des Lebens und der Winkel ändern die Gestirne ihre Wirkungen um ein weniges.

Reiner und kräftiger tritt stets eine Eigenschaft hervor, wenn das Gestirn an einem Orte steht, der seiner Natur entspricht, wie heiße Planeten an heißen Orten, feuchte an feuchten. Steht ein Gestirn dagegen an entgegengesetzten Orten, so ist seine Wirkung schwächer und nicht so bedeutend, wie wenn hitzige Planeten an kalten Orten stehen, kältende an heißen Orten und in ähnlicher Art weiter, je nach dem Verhältnis und der Art der Mischung.

## Von den tropischen, den äquinoktial- und zweikörperlichen Zeichen.

In diesen unseren letzten Ausführungen wiesen wir auf die natürlichen und die sich ändernden Eigenschaften der Zeichen. Denn es entsprechen ihre hauptsächlichen Wirkungen diesen ihren Zeiten. Einige andere Eigenschaften jedoch leiten wir aus ihrer Verwandtschaft mit der Sonne, dem Monde wie den übrigen Gestirnen, in gleicher Weise wie vordem her. So wollen wir zuvörderst diejenigen Kräfte, die sie aus sich selbst und ihrer wechselseitigen Verbindung zu eigen haben, auseinandersetzen.

Der vorzüglichste Unterschied der Zeichen ist der: daß einige *tropische* heißen, andere *Aequinoktial*-Zeichen; diese Zeichen beider Art sind *beweglich*. Ferner einige *feste*, andere *zweikörperliche*.

Die Tropischen sind die zwei folgenden: dasjenige am Sommersolstitium, also die dreißig Grade des Krebszeichens, das andere am Wintersolstitium, nämlich die dreißig Grade des Steinbock. Diese beiden erhielten ihre Namen durch die Verhältnisse, da die Sonne, sobald sie in eines von ihnen eingetreten ist, sich wieder in ihrer Bahn zurückwendet, indem sie ihren Lauf umbiegt der entgegengesetzten Deklination zueilend, wobei sie im Krebs den Sommer, im Steinbock den Winter hervorbringt.

Ebenso haben wir zwei Aequinoktialzeichen: das des Frühlings, der Widder, und das der Herbstgleiche, die Wage, die ebenfalls ihre Namen durch natürliche Umstände erhielten. Denn, sobald die Sonne in sie eintritt, ist die Zeitspanne des Tages und die der Nacht für alle Länder der Erde gleichgroß.

Von den übrigen acht Zeichen werden vier als feste bezeichnet und vier als zweikörperliche.

Die festen Zeichen schließen sich unmittelbar an die tropischen und Aequinoktialzeichen an, es sind dies die Zeichen des Stier, des Löwen, des Skorpion und des Wassermann, da zu den Zeiten, wenn die Sonne sie erreicht hat, Feuchtigkeit, sengende Hitze, Trockenheit und Kälte ungestümeren und kräftigeren Ausdruck in unserer ganzen Natur erfahren; nicht also, weil dann der Zustand der Witterung durch seine Natur einfacher hervorträte, sondern weil die Kraft der verschiedenen Zustände infolge ihrer Dauer leichter zu erfühlen ist, nachdem eine Zeit lang bereits solch ein Zeitabschnitt über uns hinweggegangen ist.

Die *zweikörperlichen*, mittelmäßigen sind diejenigen, die auf die festen folgen: Zwillinge, Jungfrau, Schütze und Fische. Denn da sie zwischen den festen und den tropischen oder Aequinoktialzeichen liegen, haben sie an ihrem Beginn und ihrem Ende ausgesprochene Aehnlichkeit mit den je zwei sie umgebenden.

## Ueber männliche und weibliche Zeichen.

Außer diesen Bestimmungen werden sechs Zeichen als männliche und Tagzeichen und ebensoviele der weiblichen Natur und der Nacht zugesprochen. Ihre Reihenfolge ist eine ununterbrochene, wie dem Tage die Nacht angefügt ist, und eine Vereinigung männlichen und weiblichen Wesens naturnotwendig ist. Nehmen wir also unseren Ausgang vom Widder aus Gründen, die ich oben erwähnt, wie auch der männliche Herr stets voranstehen muß, da alles Tatkräftige dem Passiven vorausstürmt, so sind Widder und Wage männlich und gehören dem Tage. Das ergibt sich aus dem Umstande, daß der Aequator, der durch sie beschrieben wird, die ursprünglichste und kraftvollste Regung alles Lebendigen hervorbringt. Von diesen aus folgt dann in fortlaufender Reihe dem männlichen immer ein weibliches Zeichen.

In gewissem Grade zählt man auch das männliche Zeichen von demjenigen des aufgehenden, das den Namen ὡρόσκοπος, Horoscopos, das die Geburtsstunde anzeigende trägt, aus. Wie einige der Alten auch den Anfang der tropischen Zeichen festlegten nach dem Mondlauf, da die Umläufe des Mondes die schnellsten sind, so kann man die männlichen Zeichen ebenso auch von dem des Horoscopos rechnen, weil dieses morgendlich liegt. Von ihm aus legten sie dann wieder die Wechselreihe der männlichen und weiblichen Zeichen fest.

Andere wiederum teilten den ganzen Ekliptikzirkel in Quadranten und bestimmten als morgendlich und männlich den Teil vom Aufgang bis zum Medium Coelum, und den ihm gegenübergelegenen vom Untergang bis zum Imum Coelum; als abendlich und nächtlich hingegen die beiden übrigen Quadranten.

Im Gegensatz dazu bestehen auch noch weitere Bezeichnungen, die den Zeichen auf Grund ihrer Sternbilder zugesprochen wurden. So heißen einige vierfüßige Zeichen, andere Erdzeichen, herrschende, fruchtbare, oder andere, je nach ihrer Art, welche, sofern sie aus den Figuren der Sternbilder sich ergeben haben, ich anzuführen für überflüssig erachte, da ich ja bereits früher die Eigenheiten der einzelnen Zeichen auseinandergesetzt habe, wie auch, in welcher Art ihre Wirkungen für ein richtiges Urteil in vorteilhafter Weise berücksichtigt werden müssen.

## Ueber die Aspekte der Zeichen.

Zuvörderst haben die Aspekte im Zodiak, die bestimmte Figuren bilden, stets eine gewisse Verwandtschaft untereinander.

Das sind zuerst die Stellen im Zodiak, die sich diametral gegenüberliegen und deren Entfernung zwei rechte Winkel, nämlich sechs Zeichen oder 180° ausmacht. Ferner die Stellen, die verbunden ein gleichseitiges Dreieck ergeben und einen rechten Winkel und ein Dritteil ausmessen, also vier Zeichen oder 120°. Außerdem diejenigen, deren Verbindung ein Quadrat ergibt und die einen rechten Winkel Entfernung in sich fassen, d. h. drei Zeichen oder 90°. Die Stellen letztlich, die ein Sechseck ausmachen, enthalten in ihrem Abstand zwei Dritteile eines rechten Winkels, infolgedessen zwei Zeichen oder 60°.

Warum aber diese Unterschiede eine so außerordentliche Beachtung beanspruchen, kann aus folgendem leicht ersehen werden.

Am ehesten wird das Gesetz offenbar, warum die gegenüberliegenden Zeichen nach solcher Weise beachtet werden müssen. Denn die Opposition zeigt sich stets in einer geraden Linie.

Wenn wir nun weiter aber zwei größte Teile in gleicher harmonischer oder in irgendeiner Weiterteilung uns denken, indem wir entweder einen der beiden Halbkreise zerschneiden, oder von der Mitte des Kreises aus die Teilung des Winkels vornehmen, so daß sich zwei rechte Winkel ergeben, oder aber in drei Teile, so ergibt die Teilung in die Hälfte die Figur des Quadrates, die Teilung in drei gleiche Teile hat das Sextil zur Folge. Ein noch Weitergehen in der Teilung aber, indem wir den rechten Winkel anderthalbmal nehmen, oder ein und ein Drittel mal, ergibt einmal das Eineinhalbquadrat, zum anderen das Trigon.

Man sieht nun aber das Trigon und das Sextil als harmonisch an, weil durch sie verwandte Zeichen miteinander in Verbindung gebracht werden; disharmonisch dagegen das Quadrat und die Opposition, weil sie das Verhältnis gegensätzlicher Zeichen aufweisen.

## Ueber befehlende und gehorchende Zeichen.

Befehlende und gehorchende Zeichen nennt man auch solche, die einen gleichen Abstand von dem einen oder dem anderen Aequinoktialpunkte haben, darum, weil sie in gleichen Zeitabständen aufgehen und Parallelkreise beschreiben. Es befinden sich die befehlenden Zeichen im Sommerhalbkreis, die gehorchenden im Winterzirkel, da die Sonne im Sommerhalbjahr die Tage länger macht, im Winterhalbjahr aber sie kürzt.

## Von den sich gegenseitig anschauenden Graden und ihrer gleichen Kraft.

Wir sagen, daß die Grade, welche einen gleichen Abstand von einem oder dem anderen tropischen Punkt haben,[7]) gleiche Stärke besitzen. Denn gleich ist die Länge der Tage und der Nächte wie selbst der Stunden, wenn die Sonne einen jeden von ihnen beiden durcheilt. Deswegen sagt man von ihnen auch, daß sie sich gegenseitig anschauten, sowohl aus dem oben erwähnten Grunde und weil sie beide stets an der gleichen Stelle des Horizonts aufgehen, wie an der gleichen Stelle untergehen.

## Unverbundene Zeichen.

Unverbunden oder fremd nennt man Zeichen, die gar keine Verwandtschaft nach den erwähnten Gesichtspunkten miteinander aufweisen, wenn sie nämlich weder sich befehlen oder gehorchen, sich nicht anschauen noch gleiche Kraft besitzen, oder eine der erwähnten Figuren darstellen: keine Opposition, Trigon, Quadrat, Sextil, sondern welche entweder als die zweiten,[8]) oder die sexten[9]) gezählt werden.

---

[7]) Immer je 2.

[8]) Unser Verhältnis des Halbsextils.

[9]) Unser Verhältnis des Quincunx.

(Der Uebersetzer.)

Denn zwei sich folgende haben eine gegenseitige Abneigung voreinander, und nur zwei einander folgende Zeichen zusammengenommen ergeben einen Winkel. Die sechsten Zeichen hingegen teilen den ganzen Kreis in ungleiche Teile, während alle anderen ihn harmonisch zerschneiden.

## Ueber die Häuser der Planeten.

Verwandtschaft der Planeten mit Teilen des Zodiak besteht nun auf Grund sowohl der Häuser, als auch der Trigone, Erhöhungen, Grenzen und gewisser Charakterähnlichkeiten.

Die Häuser werden den Planeten nun auf ganz natürliche Weise zugeteilt. Da von den zwölf Zeichen zwei nördliche am nahesten unseren Scheitelpunkt erreichen, und ganz besonders die Hitze des Sommers verursachen, Krebs und Löwe nämlich, so hat man dahin entschieden, daß diese beiden Zeichen die Häuser der größten und kräftigsten Lichter sein müssen: der Löwe das der Sonne, da dieses Zeichen männlich ist, das Krebszeichen dagegen das des Mondes, da es weiblicher Natur ist. Dann hat man allgemein übereinstimmend den Halbkreis vom Löwen bis zum

Steinbock als sonnenzugehörig angesprochen, denjenigen vom Wassermann bis zum Krebs dagegen als dem Monde verwandt, damit in jedem Halbkreise ein Haus einem Planeten auf Grund seiner Verwandtschaft zugeteilt werden kann, mag er nun der Sonne oder dem Monde entsprechen, je nach der Lage seines Kreislaufes und dessen Natur.

So hat man denn Saturn, da er, der kälteste, gegen die Wärme kämpft, und er weiter die äußerste, von den Lichtern am weitesten hinausgerückte Kreisbahn inne hat, diejenigen beiden Zeichen zugeordnet, die dem Krebs und dem Löwen entgegengesetzt sind, also Steinbock und Wassermann, wie diese Zeichen selbst auch kalt und winterlich sind, wie auch auf Grund ihrer Opposition unglücklich genannt werden müssen.

Dem Jupiter aber, der gemäßigter Natur ist und dessen Kreislauf von dem Saturns umschlossen wird, hat man die beiden den ersteren nächstliegenden Zeichen zugesprochen, die wetterwendischen (windigen) und fruchtbaren: Schütze und Fische, die von den Zeichen der Lichter im Trigon bestrahlt werden, welches ihrer wohltätigen Wirkung entspricht.

Darauf wurden dem dörrenden Mars, der sich innerhalb des Jupiterkreises bewegt, die beiden Zeichen, die denen Jupiters am nächsten sind, zugeteilt, Skorpion und Widder, welche infolge des Quadrataspekts auf die Häuser der Lichter seiner schädlichen und zerstörenden Natur entsprechen.

Der Venus, deren Natur wieder gemäßigt ist, und die ihren Platz innerhalb des Marskreises hat, gehören die den beiden vorigen nächsten, die Zeichen des Reichtums, Wage und Stier an, die infolge ihres Sextilaspektes sehr milde und lind sind. Es geht dieser Stern nicht weiter als zwei Zeichen der Sonne voran oder folgt ihr nach.

Dem Merkur schließlich, als dem letzten, der nicht weiter als ein Zeichen von der Sonne entfernt ist, und infolgedessen von den Sphärenkreisen aller Planeten umschlossen und den Lichtern am nächsten ist, wurden die Zeichen zuerkannt, die denen der Lichter ebenso nahe sind, nämlich Zwillinge und Jungfrau.

## Ueber die Trigone.

Das Verwandtschaftsverhältnis, das man Trigon nennt, ist nun folgender Art: Die Trigone sind Dreiecke mit gleichen Seiten, die als Besonderes die Eigenschaft besitzen, sich einander vollkommen zu entsprechen. Weiter enthält auch der Zodiak drei Zirkel: einen Äquinoktialzirkel [10]) und zwei tropische. [11]) Die zwölf Zeichen des Zodiak werden nun auf diese vier Trigone folgendermaßen verteilt:

Das erste der Trigone führt durch den Widder, den Löwen und den Schützen, drei männliche Zeichen also, die die Häuser der Sonne, des Mars und Jupiters sind. Zugeordnet wird dieses Trigon aber der Sonne und Jupiter. Mars hingegen ist ausgeschlossen, da er der Sonne feindlich gesonnen ist. Es beherrscht dieses Trigon nun bei Tage die Sonne, des Nachts Jupiter.

Das Haus des Mars befindet sich am Aequinoktialkreis, das des Löwen am Sommerwendekreis, das Jupiters am Winterwendekreis. So ist dieses Trigon nun hauptsächlich als nördlich anzusprechen, weil Jupiter dort ein

[10]) Den Kreis der Tag- und Nachtgleiche, der identisch ist mit dem Aequator. (Der Uebersetzer.)

[11]) Die Wendekreise des Krebses und des Steinbocks. (Der Uebersetzer.)

Haus innehat, das fruchtbar und winderfüllt ist, und denjenigen Winden entspricht, die im Norden angefacht werden. Infolge des Marshauses erhält es dazu noch die Mischung des regnerischen Südwestwindes. So stellt sich dieses Trigon dar, das als die Mischung von Nordost- und Südwestwind bezeichnet wird. Denn Mars erregt die regenschwangeren Südwestwinde infolge seiner Verwandtschaft mit dem Monde und weil der Westen weiblicher Natur ist.

Das zweite Trigon führt durch den Stier, Jungfrau und Steinbock, drei weibliche Zeichen, weswegen es dem Monde und der Venus zugeteilt wird. Beherrscht wird es bei Nacht vom Monde, tags von der Venus. Und es befindet sich das Stierzeichen in der Nähe des Sommerwendekreises, Jungfrau in der des Aequinoktialkreises, Steinbock näher dem Winterwendekreis. Vorwiegend ist also dieses Trigon südlich infolge der Herrschaft der Venus, die aus ihrem Zeichen warme, feuchte Winde aussendet. Hinzu tritt jedoch noch der Ostwind durch das Steinbockzeichen, das Saturns Haus ist. So also stellt sich dieses zweite Trigon zusammen, das man als die Mischung von Süd- und Ostwind bezeichnet. Denn es erregt Saturn die Ostwinde durch sein Verhältnis zur Sonne.

Das dritte Trigon führt durch die Zwillinge, Wage und Wassermann, wieder drei männliche Zeichen, nicht verwandt mit Mars, aber dem

Saturn und Merkur entsprechend wegen deren beider Domizile. Infolgedessen wird dieses Trigon diesen beiden Planeten zuerteilt. Am Tage wird es durch Saturn beherrscht infolge seiner Verhältnisse, vom Merkur dagegen in der Nacht. Das Zwillingszeichen nun ist dem Sommerwendekreis benachbart, die Wage dem Aequinoktialzirkel, der Wassermann dem Wintersonnenwendekreis. Hauptsächlich entspricht daher dieses Trigon dem Ostwind durch Saturn. Da es jedoch ein Verhältnis zu Jupiter aufweist, so ist es gemischt aus Nord und Ost, da diese Mischung das Verhältnis Jupiters und Saturns darstellt.

Das vierte Trigon führt durch Krebs, Skorpion und Fische und bleibt Mars überlassen auf Grund des Skorpionzeichens, das das Domizil des Mars ist. Dabei werden diese Zeichen jedoch bei Nacht durch den Mond beherrscht, am Tage aber von der Venus. Das Krebszeichen liegt nun am Sommerkreis, der Skorpion in der Nähe des Winterkreises, die Fische am Aequinoktialzirkel. So stellt dieses Trigon sich als ein westliches dar durch die Herrschaft des Mars und des Mondes und ist gemischt durch Süd- und feuchten Südwestwind infolge der Venus.

## Ueber die Erhöhungen.

Das Gesetz der Erhöhungen der Planeten ist folgendes: Da die Sonne, in das Widderzeichen eintretend, in die obere Himmelshälfte gegen den Bären sich hinaufhebt, in der Wage dagegen in die Südhälfte wieder hinabsteigt, so wird ihr demzufolge die Erhöhung im Widderzeichen zugesprochen, da dann die Tage wieder länger werden und die Sonne alles Lebendige wieder stärker zu erwärmen beginnt.

Im Gegensatz dazu findet sich in der Wage, infolge des gegenteiligen Verhältnisses die Ursache ihres Falles.

Dem Saturn wurde die Wage zugeordnet, da er auch hier, im gleichen Sinne wie bezüglich seiner Häuser, den widersprechenden Platz einnehmen muß. So ist auch der Widder das Zeichen seines Falles. Denn wo die Wärme einsetzt, muß die Kälte weichen, und umgekehrt wiederum, wo die Wärme abnimmt, wächst die Kälte.

Da weiter der Mond nach der Konjunktion mit der Sonne im Zeichen ihrer Erhöhung, nämlich im Widder, zuerst wieder sichtbar wird und sozusagen aus dem Nichts herausgehoben wird im Zeichen Stier, das zugleich dem ihm untergeordneten Trigon angehört, so legte man ihm seine Erhöhung im Stierzeichen bei, und bezeichnete ebenso das entgegengesetzte Zeichen des Skorpion als das seines Falles.

Jupiter jedoch, der besonders die nördlichen, fruchtbaren Winde erregt und, im Krebszeichen stehend, am weitesten nach Norden gelangt und dort besonders stark seine Wirkung zeigen kann, wurde der Krebs als Erhöhung gegeben, und der Steinbock als Fall.

Dagegen vermag der von Natur heißere Mars dies mehr im Steinbock, der selbst an diesem Platze heißer sein kann, weil er südlicher Natur ist. Deswegen wurde ihm im Gegenzeichen Jupiters seine Erhöhung zugeteilt, sein Fall hinwiederum im Krebs.

Venus aber, von Natur feucht und mächtiger in den Fischen, aus denen die Frühlingsfeuchte stammt und wo sie eine ausgesprochenere Wirkung auszuüben vermag, hat ihre Erhöhung eben in den Fischen, ihren Fall dagegen in der Jungfrau.

Der trockenere Merkur wieder erhält wegen seiner entgegengesetzten Natur seine Erhöhung auch im entgegengesetzten Zeichen, der Jungfrau, in dem die Dürre des Herbstes sich nähert. Im Gegensatz dazu ereilt ihn in den Fischen sein Fall.

## Ueber die Grenzen.

Ueber die Grenzen ist zwiefältige Ueberlieferung auf uns gekommen; die eine, die ägyptische, die sich mehr an die Herrschaft der Häuser anlehnt, die andere, die chaldäische, die der Herrschaft der Trigone angepaßt ist.

Die ägyptische Ueberlieferung beobachtet, wenn man sie auf gewöhnliche Weise durchgeht, nicht die geringste einheitliche Folge, weder bezüglich der Zuordnung noch bezüglich der Gradzahlen. Einmal überweist sie bezüglich der Zuteilung die ersten Grade als Grenzen hier dem Herrn des Hauses, dort dem Herrn des Trigons, an irgendeiner anderen Stelle demjenigen Planeten, der in diesem Zeichen seine Erhöhung hat. Ziehen wir ein Beispiel heran. Im Falle sie die Herren der Zeichen berücksichtigen würde, so darf man fragen, warum sie dann die ersten Grade der Wage dem Saturn zuweist und nicht vorzüglicher der Venus? Ebenso, weswegen im Widder diese dem Jupiter mit größerem Recht als dem Mars?

Hingegen, berücksichtigen die Aegypter die Herren der Trigone, warum weisen sie Merkur die ersten Grade im Steinbock zu und nicht besser der Venus? Endlich, gehen sie von den Erhöhungen aus, aus welchen Gründen im Krebse die ersten Grade dem Mars und nicht vorzüglicher dem Jupiter?

Außerdem, nähmen sie andererseits die Gesetze der Zuteilung der Grenzen aus dem Umstande, daß in einem Zeichen mehrere Gründe berücksichtigt werden müßten, weswegen weisen sie die ersten Grade im Wassermann dem Merkur zu, der dort doch nicht das geringste Recht, wenn nicht durch das Trigon, beanspruchen kann? Trotzdem jedoch herrscht gerade Saturn sowohl über das Haus als auch über dieses Trigon? Warum dennoch dem Merkur die ersten Grenzen im Steinbock, da er ihm doch nicht im geringsten Sinne vorsteht?

So kann man Inkonsequenzen dieser Art in gleicher Weise in allen übrigen Reihenfolgen aufdecken.

Dann ist auch die Zahlengebung der Grenzengrade vollkommen ungereimt überliefert. Sie behaupten nämlich, die einzelnen Planeten hätten so viele Grenzengrade, als sie im gleichen Jahre an größerer Kraft besäßen, das ergibt jedoch kein eigentümliches und glaubhaftes Gesetz. Wollten wir gleich dieser Zusammenstellung der Zahlenwerte unseren Glauben schenken, wie sie von den Aegyptern so zuversichtlich behauptet wird, so kann es trotz allem vorkommen, daß der gleiche Zahlenwert, trotz der verschiedenartigst vertauschten Zahlen in den Zeichen, dennoch sich immer wieder findet.

Was andere dagegen auch an zurechtgemachten Begründungen anführen, sie irren trotzdem, wenn sie glauben, daß die zusammengesetzten Zeiten des Aufstieges der Planeten diese Gradzahlen für die Grenzen bestimmten. Erstlich folgen sie dabei den vulgären Ansichten von den flachen Aufsteigungen, obwohl gar kein Verhältnis der verschiedenen Aufsteigungen besteht. Ferner irren sie vollkommen von den wahren Verhältnissen ab. Denn sie möchten, daß im Aequinoktialzirkel, der durch Unter-Aegypten läuft, mit Jungfrau und Wage $38^1/_3$ $^0$ aufsteigen, mit Löwe und Skorpion 35 $^0$, während doch eine mathematische Zeichnung darlegt, daß mit den letzteren eine größere Anzahl Grade aufsteigt, mit Wage und Jungfrau dagegen weniger. Wiewohl außerdem alle, die ein solches Gesetz aufzustellen den Versuch machen, damit sie nur ja nicht behaupten müssen, daß die Gradzahlen der Grenzen aus anderen Ursachen hergeleitet wurden, dadurch gezwungen sind, sich des öfteren gegen die Wahrheit zu versündigen, und zuweilen Teile von Graden zu Hilfe nehmen müssen, so bewirken sie damit nur, daß sie eine Drechselei, die sie selbst wollten, aufrecht erhalten müssen, welche in sich selbst von den wirklichen Verhältnissen abweicht.

Die Zuordnung der Grenzen, wie sie von vielen überliefert wird, und der nur wegen ihres ehrwürdigen Alters Vertrauen geschenkt wird, enthält folgendes Schema:

## Die Grenzen nach den Ueberlieferungen der Aegypter.

| | | | | | |
|---|---|---|---|---|---|
| ♈ | ♃ 6 | ♀ 6 | ☿ 8 | ♂ 5 | ♄ 5 |
| ♉ | ♀ 8 | ☿ 6 | ♄ 8 | ♃ 5 | ♂ 3 |
| ♊ | ☿ 6 | ♃ 6 | ♀ 5 | ♂ 7 | ♄ 6 |
| ♋ | ♂ 7 | ♀ 6 | ☿ 6 | ♃ 7 | ♄ 4 |
| ♌ | ♃ 6 | ♀ 5 | ♄ 7 | ☿ 6 | ♂ 6 |
| ♍ | ☿ 7 | ♀ 10 | ♃ 4 | ♂ 7 | ♄ 2 |
| ♎ | ♄ 6 | ☿ 8 | ♃ 7 | ♀ 7 | ♂ 2 |
| ♏ | ♂ 7 | ♀ 4 | ☿ 8 | ♃ 5 | ♄ 6 |
| ♐ | ♃ 12 | ♀ 5 | ☿ 4 | ♄ 5 | ♂ 4 |
| ♑ | ☿ 7 | ♃ 7 | ♀ 7 | ♄ 4 | ♂ 5 |
| ♒ | ☿ 7 | ♀ 6 | ♃ 7 | ♂ 5 | ♄ 5 |
| ♓ | ☿ 12 | ♃ 4 | ☿ 3 | ♂ 9 | ♄ 2 |

Die chaldäische Reihe hingegen ist einfacher und wahrscheinlicher, obwohl sie nicht erst innerlich künstlich zurechtgemacht ist, weder bezüglich der Reihenfolge, die man von den Herrschern der Trigone herleitet, noch auch bezüglich der Gradzahl, so daß man ohne besondere Aufzeichnung einem jeden Planeten seine Grenzen zuzuweisen vermag. Denn im ersten Trigon, dem des Widders, Löwen und Schützen, gehört, wenn man sich der Reihenfolge der Zeichen bedient, die erste Grenze dem Jupiter, der über dieses Trigon das Herrscherrecht ausübt. Die zweite Grenze, auf Grund des zweiten Trigons, bleibt der Venus. Die dritte, gemäß dem dritten, gebührt

Saturn und Merkur. Die letzte Grenze nach dem letzten Trigon dem Mars. Im zweiten Trigon, das sich aus den Zeichen Stier, Jungfrau und Steinbock zusammensetzt, wo man gleichfalls nach der Ordnung der Zeichen vorgeht, gehört die erste Grenze der Venus, die zweite und dritte Saturn und Merkur, die vierte Mars, die fünfte Saturn. Auf diese Weise wird in der Regel auch in den beiden übrigen Trigonen die Zuordnung durchgeführt. Wo wir aber gleichzeitig zwei Beherrscher desselben Trigons haben, Saturn und Merkur zum Beispiel, nimmt bei Tage Saturn die vorderste Stelle ein, bei Nacht dagegen Merkur, auch ist die Gradzahl in den Grenzen keine verwickelte.

Es hat nämlich der unmittelbar folgende Planet stets einen Grad der Grenzen weniger als der vorhergehende.

Wenn also der erste acht Grade hat, gebühren dem zweiten sieben, dem dritten sechs, dem vierten fünf und dem letzten vier. Diese Grade zusammen ergeben die dreißig Grade eines jeden Zeichens. Nach dieser Verteilung umfaßt Saturn an Taggraden achtundsiebenzig, an Nachtgraden sechsundsechzig; Jupiter zweiundsiebenzig; Mars neunundsechzig; Venus fünfundsiebenzig; Merkur bei Tag sechsundsechzig, bei Nacht achtundsiebenzig. Die Anzahl dieser Grade zusammen macht in beiden Fällen 360° aus.

Hätten wir nur diese beiden Bestimmungen der Grenzen, so müßte man der ägyptischen einen größeren Glauben entgegenbringen, einmal, weil sie angeblich als nützlich von den ägyptischen Schriftstellern in den Tabellen aufgezeichnet wurde, und andererseits, weil die Grade wirklich in Uebereinstimmung sich befinden mit den Beispielen von Nativitäten. Da jedoch die gleichen Schriftsteller eine Begründung weder der Zuordnung noch der Gradzahlen nachweisen können, so scheint die Verschiedenartigkeit der Zuordnung Verdacht und Widerlegung veranlaßt zu haben.

Ich bin nun aber auf eine alte Schrift gestoßen, die aus irgendeiner Zeit noch grauerer Vergangenheit herrührt, in der die natürlichen Begründungen der Zuordnung und der Gradzahlen auseinandergesetzt sind, und dem die Beschreibungen alter Nativitäten beigefügt ist, sowie Zahlenangaben, die mit den Aufzeichnungen der alten Ueberlieferung übereinstimmen. Jedoch der Stil war weitläufig und die Ausführung enthielt recht überflüssige Argumente; dabei war das Buch zerfetzt und also nicht mehr vollständig, so daß ich nur mit Mühe den Zusammenhang wiederzuerfassen vermag.

In dieser unserer Angelegenheit nun half mir sehr eine Tabelle der Grenzen, die, auf der letzten Seite dem Buche beigefügt, unversehrt geblieben war.

Die ganze Auffassung der Grenzen fand sich nun folgendermaßen: Bezüglich der Zuordnung der Zeichen geht man von den Erhöhungen, den Trigonen und den Domizilen aus, von denen man, sofern ein Planet in einem Zeichen zwei dieser Vorrechte erfüllte, diesem den vordersten Platz anweist, selbst wenn er ein Uebeltäter ist. Findet sich jedoch ein solches Vorrecht nicht, so wird den Uebeltätern der letzte Platz zugewiesen. Dabei erhalten die ersten Plätze die Herren der Erhöhungen, denen folgen die Herren der Trigone, darauf die Herren der Domizile nach der Reihenfolge der Zeichen, doch so, daß ein Gestirn, welches zwei Vorzüge aufzuweisen hat in einem bezüglichen Zeichen, demjenigen, welches nur ein einziges besitzt, vorangeht. Krebs und Löwe aber wurden, da sie die Häuser der Sonne und des Mondes sind, den Uebeltätern zugeteilt, die in ihnen von größerer Kraft sind, weil die Lichter keine Grenzen haben können. Im Krebs also hat Mars seine Grenzen, im Löwen dagegen Saturn, in welchen ihre Zuordnung dann in der gewöhnlichen Art vor sich ging.

Die Zahl der Grade jedoch wurde folgendermaßen überliefert: Da, wo kein Gestirn sich fand, das zwei Vorrechte zu beanspruchen hatte, wurden den Wohltätern Jupiter und Venus entweder in demselben Zeichen oder in dem Viertel des folgenden je sieben Grade gegeben, je fünf aber den Uebeltätern Saturn und Mars. Dem Merkur hingegen, der an beiden teilhaben kann, je sechs. So ergab sich die Anzahl der dreißig Grade. Diese Bestimmungsregel wird aber nur für Planeten überliefert, wenn sie nicht zwei Würden einnehmen. Hat jedoch ein Planet zwei Würden (wie denn Venus sowohl die Herrin des Trigons als auch ihres Stierzeichens ist, dem Monde aber keine Grenzen zugeordnet werden können), so wird ihm ein Grad zu seinem Bereich noch hinzugefügt, entweder im gleichen Zeichen oder im nächsten bis zum vierten Teile.

Dies waren die in jener Tabelle aufgezeichneten Punkte. Abgezogen aber wurden die den mächtigeren Planeten mehr erteilten Grade von den Bezirken derjenigen, die weniger Würden hatten, meistens dem Saturn, zuweilen aber auch dem Jupiter, wegen der Langsamkeit ihrer Bewegung. Die genannte Tabelle der Grenzen aber ist folgende:

| | | | | | |
|---|---|---|---|---|---|
| ♈ | ♃ 6 | ♀ 8 | ☿ 7 | ♂ 5 | ♄ 4 |
| ♉ | ♀ 8 | ☿ 7 | ♃ 7 | ♄ 4 | ♂ 4 |
| ♊ | ☿ 7 | ♃ 7 | ♀ 7 | ♄ 4 | ♂ 5 |
| ♋ | ♂ 6 | ♃ 7 | ☿ 7 | ♀ 7 | ♄ 3 |
| ♌ | ♄ 6 | ☿ 7 | ♀ 6 | ♃ 6 | ♂ 5 |
| ♍ | ☿ 7 | ♀ 6 | ♃ 5 | ♄ 6 | ♂ 6 |
| ♎ | ♄ 6 | ♀ 5 | ♃ 8 | ☿ 5 | ♂ 6 |
| ♏ | ♂ 6 | ♃ 8 | ♀ 7 | ☿ 6 | ♄ 3 |
| ♐ | ♃ 8 | ♀ 6 | ☿ 5 | ♄ 6 | ♂ 5 |
| ♑ | ♀ 6 | ☿ 6 | ♃ 7 | ♂ 6 | ♄ 5 |
| ♒ | ♄ 6 | ☿ 6 | ♀ 8 | ♃ 5 | ♂ 5 |
| ♓ | ♀ 8 | ♃ 6 | ☿ 6 | ♂ 6 | ♃ 4 |

Andere wiederum teilen die Herrschaftsansprüche auf noch kürzere Weise und nennen andere Plätze und Zahlen. So überliefern sie, der Grenzbereich wäre der zwölfte Teil eines jedweden Zeichens, also zwei und einen halben Grad groß. Da sie jedoch von dem Zeichen aus zu zählen anheben, in dem das Gestirn sich befindet, so teilen sie dieser betreffenden Stelle Einfluß auch in den folgenden Zeichen zu. Andere erfanden noch andere Einteilungen ohne Sinn. Denn die Grade verteilen sie in einem jeden Zeichen, indem auch sie von einem Planeten ausgehen, auf die Reihenordnung der Grenzen nach der chaldäischen Tafel.

Diese Anordnung jedoch, die nur aus Originalitätssucht erfunden und des billigen

Beifalls wegen unter die Leute gebracht wurde, ohne jede natürliche Erwägung, wollen wir ruhig liegen lassen. Nie vergessen wollen wir, daß alles aber, was zu wissen lohnt, der Erwägung entsprechen muß, daß der Anfang der Zeichen nur von den Punkten der Aquinoktien und Solstitien gezählt werden kann, das haben uns alte Schriftsteller genügend zu verstehen gegeben. Und wir sehen selbst, daß die Naturen, Kräfte und Verwandtschaftsverhältnisse der Gestirne ihren Ursprung finden in den Anfängen der Solstitien und Aquinoktien und nirgends andersher. Wollten wir darum andere Anfänge aufstellen oder Zeichen aus ihrem rechtmäßigen Zusammenhang ausschließen oder sie durch neue vervollständigen, so würden wir einem gewaltigen Irrtum verfallen, da dadurch die vier Jahresspannen, von denen die Zeichen ihre Wirkungen empfangen, einfach umgedreht werden würden.

## Ueber das Ansehen eines Gestirns, seinen Wagen oder seinen Thron.

Das waren nun im großen Ganzen die Verhältnisse der Gestirne und der Zeichen, wie ich sie auseinandergesetzt habe. Weiter kennt man nun die Bezeichnung, ein Planet habe sein Ansehen, wenn das Entfernungsverhältnis zwischen ihm und der Sonne oder dem Monde gleich dem ist, welches zwischen dem Hause des Planeten und dem der Sonne oder des Mondes besteht. Oder statt einer wortreichen Erklärung: Wenn Venus im Sextil von den Lichtern entfernt steht, dabei aber abendlich zur Sonne, morgendlich dagegen zum Monde, wie es dem Verhältnis ihrer Häuser entsprechen würde.

Weiter sagt man nun auch, daß ein Planet in seinem eigenen Wagen führe oder auf seinem Thron säße, wenn er das Recht der Verwandtschaft an dem Orte, in dem er sich befindet, in zwei oder mehreren Beziehungen ausübt. Wenn er dann besonders kräftig ist durch die Uebereinstimmung, Hilfe und Verwandtschaft des Zeichens, so sagt man, er hätte sich auf einem seiner Throne niedergelassen oder glänze auf seinem Thron.

Beglückt hingegen nennt man ein Gestirn, wenn sein Platz, mag er selbst nicht sein Eigentum sein, einem ihm wesensverwandten angehört.

Mag solche Uebereinstimmung auch etwas weit hergeführt sein, so stellt sie dennoch infolge der gewissen Aehnlichkeit eine Kraftmitteilung dar. Im Gegensatz dazu wird die eigentümliche Kraft eines Planeten an einem entgegengesetzten Orte geschwächt, weil der Naturunterschied eine unglückliche Verwirrung in seiner Anlage hervorbringt.

## Ueber die Applikation und Separation.

Allgemein sagen wir, daß ein Gestirn, das in der Tagesbewegung einem anderen vorausgeht, diesem sich nähern kann[12]) oder aber sich von ihm löst, jedoch dies nur solange, als kein allzugroßer Abstand dadurch sich ergibt. Es darf dies sowohl bei körperlichen Zusammenkünften so verstanden werden wie auch bei Aspekten, und wenn bei Konjunktionen nicht auch die Breiten und Deklinationen berücksichtigt werden sollen. In diesem Falle lassen wir die Bestimmung bei einer Konjunktion nur zu, wenn diese sich auf der Ekliptik ergibt, was bei Aspekten dagegen nicht berücksichtigt zu werden braucht, da die der Erde als ihrem Zentrum zustrebenden Strahlen stets dort zusammentreffen, woher auch immer sie ausgegangen sein mögen.

[12]) Durch seine Vorwärtsbewegung im Zodiak. (Der Uebersetzer.)

## Epilog.

Aus allen diesen Ausführungen nun erkennt man, daß die Wirkungsart der Planeten einmal aus ihrer eigenen Natur herrührt, andererseits von den Zeichen, der Stellung zur Sonne, dann ihrem Aufenthalt in den Winkeln, wie ich dies entwickelt habe. Denn die Kräfte der Planeten wachsen, wenn diese östlich stehen oder rechtläufig sind. Dann besitzen sie größere Kraft, als bei westlicher Stellung und retrogradem Laufe; in letzterem Falle haben sie eine schwache, träge Wirkung. Endlich auch noch aus ihrer Stellung zum Horizont. Denn im Medium coeli oder in einem nachfolgenden Hause sind sie wirksamer. Danach ist ihre Kraft eine große, wenn sie am Horizont oder in dem ihm folgenden Hause stehen.

Ihre größte Kraft jedoch haben alle Gestirne im Grade des Aszendenten, weniger im Imum coelum oder an irgendeiner Stelle, die mit ihm in Aspektverhältnis steht. Werfen sie jedoch gar keine Aspekte, so ist ihre Wirkung im allgemeinen schwach und unbedeutend.

# DAS ZWEITE BUCH
## DES PTOLEMAEUS

So habe ich denn bis hierher die Hauptlehren, die für die Voraussage einzelner Ereignisse zu berücksichtigen notwendig sind, in großen Zügen, gleichsam in Tabellenkürze, entwickelt. Wenden wir uns anschließend nun der Lehre der Voraussagung einzelner Geschehnisse zu, soweit sie als möglich angesehen werden muß, wobei wir ebenfalls wieder der Gesetzmäßigkeit der Naturursachen nach jeder Richtung hin folgen wollen.

Da nun hauptsächlich zwei verschiedene Möglichkeiten astronomischer Vorherbestimmung möglich sind: die erste, eine allgemeine, welche uns die Eigentümlichkeiten von ganzen Reichen, Völkerschaften oder Städten anzeigt, die zweite hingegen die persönliche, welche die Schicksale einzelnen Menschenlebens einer Betrachtung unterzieht, so wollen wir uns zuvörderst über die allgemeine verbreiten. Denn es werden die Ereignisse ganzer Reiche durch umfassendere und schwerwiegendere Ursachen heraufgeführt, als die einzelnen Menschenlebens. Da nun stets schwächere Ursachen in der Natur mächtigeren untergeordnet sind, ebenso wie Teilwirkungen sich großen Allgemeinwirkungen einfügen, so ist es eine Notwendigkeit, uns vorher mit den allgemeinen bekannt zu machen, wenn wir persönliche Schicksale, die nur Teile des großen Ganzen sind, einer Betrachtung unterziehen wollen.

Es besteht nun die so bezeichnete allgemeine Betrachtung in der ganzer Reiche, oder Teilen von diesen oder bestimmter Städte. Ferner schließt sie aber auch größere Veränderungen während periodisch wiederkehrender Zeitabschnitte, wie Kriege, Pestilenz, Erdbeben, Ueberflutungen und ähnliches in ihre Voraussage ein, oder minder bedeutende und leichtere, wie die Unwetterzeiten des Jahres, ihr An- und Abschwellen, eisige oder milde Winter, Stürme, große Hitze, große Fruchtbarkeit oder Mißernte und andere Möglichkeiten ähnlicher Art.

Vorauszugehen hat also aus besagten Gründen die Beobachtung der Ereignisse allgemeinerer Art und solcher, die Bezug auf ein ganzes Reich haben. Ihre Erkenntnis faßt nun zwei Seiten in sich. Erstlich die Ueberlegung, welchen Teilen des Zodiak und welchen Gestirnen jedwedes Reich angehört. Zweitens die

Untersuchung über die Art der Wirkungen, die zu gewissen Zeiten in diesen einzelnen Teilen sich ergeben auf Grund von Finsternissen, des Laufs der Planeten, ihrer Aufgänge und Plätze.

Diese gegenseitige Uebereinstimmung wollen wir nun, natürlichen Gesetzen folgend, ausführen, indem wir gleichzeitig die Eigentümlichkeiten der körperlichen Beschaffenheit und der Sitten der verschiedenen Völker anführen, die denjenigen der Gestirne und Zeichen verwandt sind, denen sie unterstehen.

## Ueber die allgemeinen Eigentümlichkeiten der Völker.

Man unterscheidet nun diese Völkereigentümlichkeiten einmal nach den Parallelkreisen und den Weltwinkeln, zum andern nach dem Stand bezüglich der Ekliptik und der Sonne. Denn wenn unser Leben sich auf einen nördlichen Quadranten beschränkt, so gibt es Menschen, die, südlicheren Kreisen unterstellt, also denjenigen zwischen der Nachtgleiche und dem Sommerwendepunkte, heißer von Natur sind, da dann die Sonne über ihren Scheiteln steht, dunklere Körper besitzen, krauses, dichteres Haar, ein spitzes Gesicht, kürzere Glieder, größere Körperwärme und von größtenteils noch wilden

Sitten infolge der beständigen Hitze in ihren Gegenden; wir nennen sie Aethiopier. Und nicht nur selbst haben sie diese Züge, sondern auch das Wetter, alle Lebewesen und Pflanzen ihrer Gegend sind heißerer Natur und brennender.

Alle Völker jedoch unter nördlichen Parallelkreisen, das heißt besser: geradewegs unter dem Bären, die also vom Zodiak weit entfernt wohnen, und infolge der dortigen Sonnentemperatur kühlerer Natur sind, haben in gleichem Maße dafür ein feuchteres Naturell, das ihre Körper am Leben erhält.

Da sie unter Hitze nicht so zu leiden haben, so sind sie an Hautfarbe auch heller, sie haben lang wallendes Haar, hohe, schlanke, saftstrotzende und etwas kühle Körper. Es sind auch sie von ungefügeren Sitten infolge der immerwährenden Kälte. Länger währen die Winter unter ihrem Himmelsstrich, höher wachsen die Bäume und wildere Bestien gibt es bei ihnen. Es sind hauptsächlich die Scythen, wie wir sie nennen.

Diejenigen nun aber, welche den Himmelsstrich innehaben zwischen dem Wendekreis und dem Bären, leben, da nie die Sonne ihren Scheitelpunkt überschreitet und nie weit nach Süden sich wendet, unter einer gemäßigten Luft; ob diese Luft nun gleich Unterschiede an Wärme und Kälte aufzuweisen hat, so sind diese Unterschiede doch nicht bedeutend und bringen auch in den Körpern keine so großen Verschiedenheiten von Hitze- und Kältezuständen hervor. So zeigen sie eine mittlere Hautfarbe, mittelmäßige Statur, eine gemäßigte Körpertemperatur, leben in gemeinsamen festen Siedlungen und haben mildere Sitten. Die Sitten der Stämme von ihnen, die dem Süden näher sind, sind im allgemeinen talentvoller und verschlagener und sie in Dingen göttlicher Inspiration bewanderter, da ihr Scheitelpunkt dem Zodiak und den Planeten näher liegt; diesen so gleichsam verwandter, haben sie selbst einmal scharfsinnigere Seelen, die Natur zu erforschen und zu erfühlen und zeigen andererseits im Unterrichte eine größere Schnelligkeit der Auffassung. Außerdem haben alle im Osten lebenden Menschen mehr männliche und festere Seelen und zeigen weniger Verstecktheit. Denn der Osten gehört in seiner Natur der Sonne an. Aus solchen Gründen wird dieser Teil der Erde dem Tage, männlichem Geschlecht und der rechten Seite zugesprochen, wie bei allen Lebewesen die rechte Seite wärmer und stärker ist.

Alle mehr dem Westen zu lebenden Menschen sind weichlicher und zarter und versteckter, denn dieser Teil wird dem Monde zugeschrieben.

Darum, weil der Mond nach seiner Konjunktion stets zuerst im Westen sich wieder sichtbar zeigt. So ist der Westen nächtlich und gehört der linken Seite, gleichsam als Gegensatz des Ostens.

## Auf welche Weise die Gegenden den Trigonen und Gestirnen entsprechen.

So entsprechen nun also die Eigenheiten der Beschaffenheit und der Neigungen der Bewohner der einzelnen Gegenden der Erde den Tierkreiszeichen. Denn wie nun der Zustand der Witterung in den Landstrichen, die ich als heiß, kalt oder gemäßigt bezeichnet habe, Verschiedenheiten aufzuweisen hat in den einzelnen Gegenden, wo der allgemeine Zustand noch stärker zum Ausdruck kommen kann oder aber gemildert auftritt, infolge der Anlage der Gegend, ihrer Höhe oder niedrigen Lage, so haben wir auch verschiedene Eigentümlichkeiten in den Anlagen der Völker, wie die Bewohner einiger Landstriche zu größerem Teile Reiternaturen sind infolge der ebenen Flachheit ihres Vaterlandes, andere der Schifffahrt zugewandt, da das Meer das ihre bespült, wieder dritte friedliebend und ruhig leben, da die Fruchtbarkeit ihres Vaterlandes ihnen alles reichlich in den Schoß wirft, so daß stets im besonderen andere Eigenschaften wieder anderen Zeichen entsprechen und ihrer Aehnlichkeit nach in der Hauptsache den Charakter der Allgemeinheit ausdrücken. So muß also notwendigerweise zuerst ein Ueberblick im großen Ganzen geschaffen werden, soweit er uns eingehenderen Untersuchungen entgegenführt.

Da wir also, wie ich an früherem Orte gezeigt, im Tierkreis vier Trigone festgestellt haben, erkannten wir als erstes das aus den Zeichen Widder, Löwe und Schütze bestehende, das wir als eine Mischung aus Nord- und Südwestwind bezeichneten, wie es auch die Sommer-Abend-Seite beherrscht; dieses Trigon untersteht seiner Witterung nach hauptsächlich dem Jupiter, wegen des Nordens, und dem Mars wegen des Westens.

Das südöstliche Trigon der Winter-Morgen-Seite: Stier, Jungfrau und Steinbock, ist hauptsächlich der Venus unterstellt wegen des Südens, und Saturn wegen des Ostens.

Das dritte Trigon der Sommer-Morgen-Seite, aus Zwillinge, Wage und Wassermann, aus Nord- und Ostwind zusammengesetzt, wird hauptsächlich von Saturn beherrscht wegen des Ostens, und von Jupiter als Teilhaber an der Herrschaft wegen des Nordens.

Das Krebs-Skorpion-Fische-Trigon der Mischung aus Süd und Südwest mit der Winter-Abend-Seite wird wegen des Südwindes von

Mars regiert und hat als Teilhaber seiner Herrschaft die Venus wegen des Süd-West.

Bei dem Vorhandensein solcher Verhältnisse, und da die uns bekannte Welt in vier Quadranten geteilt wird, die sich der Anzahl der Trigone anpassen, trennt man so das ganze Gebiet durch eine Linie quer durch unser Meer, die gezogen wird von der Meerenge des Herkules[1]) zum issischen Meerbusen und von dort weiter nach Osten über den Rücken des Gebirges;[2]) diese Linie trennt den Norden vom Süden. Die Linie aber, vom arabischen Meerbusen durch das Aegäische Meer, das schwarze Meer und den mäotischen See gezogen, bildet die Grenze zwischen Osten und Westen. So entstehen vier Quadranten, im Einklang mit der Zahl der Trigone.

Der erste Quadrant, zur Sommer-Abend-Seite gehörend, gemischt aus Nord-Ost und Süd-West, birgt das Land der Celten, das allgemein die Bezeichnung Europa führt.

Der zweite, diesem nach Südosten gegenübergelegene Quadrant gegen den äthiopischen Osten, nach der Winter-Morgen-Seite, wird als Teil von Asien mit dem Namen Australien bezeichnet.

---

[1]) Straße von Gibraltar, wo der Sage nach Heracles die Welt mit seinen Schultern stützt. (Der Uebersetzer.)

[2]) Der Taurus. (Der Uebersetzer.)

Der dritte Quadrant der Sommer-Morgen-Seite mit der Mischung aus Nord und Ost, gegen Scythien, trägt als Teil Asiens den Namen Aquilonien.

Diesem gegenüberliegend der Quadrant nach der Winter-Abend-Seite, gemischt aus Südwest- und Südwind, gegen den äthiopischen Westen, ist unter dem gemeinsamen Namen Lybien bekannt.

Außerdem empfangen die einzelnen Quadranten, soweit sie nach der Mitte der uns bekannten Länder sich erstrecken, noch andere Natureigentümlichkeiten, als einem jeden Quadranten hinsichtlich des Weltkreises im ganzen zu eigen gehören. Die mittlere Gegend Europas, die der Sommer-Abend-Seite zu gelegen ist, ist im Hinblick auf den ganzen Erdkreis von diesem Erdteil aus der Winter-Morgen-Seite entgegengesetzt. So urteilt man weiter, daß jeglichem Quadranten eine Verwandtschaft zweier gegenüberliegender Trigone eignet, da insonderheit die äußeren Teile durch die Trigone beherrscht werden, die Mitten dagegen diejenigen Gestirne als Herren annehmen, die in den gegenüberliegenden Teilen die Herrschaft innehaben. Wie also die Bewohner der äußeren Teile dem Sonnentrigone unterworfen sind, so tritt in den mittleren Gegenden Merkur zu den ihm entgegengesetzten Herrschern hinzu, da er eine beiden gemeinsame mittlere Naturbeschaffenheit sein eigen nennt.

Auf Grund dieser Feststellungen besitzen also erstlich die Gegenden des europäischen Vierteils, gegen die Sommer-Abend-Seite liegend, die Natur des Trigons Widder-Löwe-Schütze, die Herrschaft haben die abendlichen Planeten Jupiter und Mars. Diese Gegenden sind, wenn es sich um die Völkerschaften im ganzen handelt, Britannien, Belgien, Germanien, Bastarnien, Italien, Gallien, das römische Gallien, Apulien, Sicilien, Tyrrhenien, das Land der Celten und Spanien. Bei diesen Völkern entsprechen die Rasse-Eigentümlichkeiten dem Trigon und den Herrschern desselben.

Denn sie sind Feinde jeglicher Unterordnung, freiheitsdurstig, Freunde der Waffen und des Kriegführens, arbeitsam, besitzen Herrscherinstinkte und Reinlichkeitsliebe und zeichnen sich durch Großzügigkeit der Seele aus.

Da sie dabei jedoch sozusagen den abendlichen Jupiter und Mars als Herren haben und ihr Trigon im ersten Teil männlich, im zweiten dagegen weiblich ist, so werden sie weniger durch die Liebe zu Frauen gefesselt, sondern sind einer anders geschlechtlichen Wollust zugetan. Dabei halten sie jedoch auf Tapferkeit, Gedankenaustausch, Treue, Liebe zu den Ihren und Wohltätigkeit. Mehr für die Natur des Widderzeichens wie des Mars kommen dabei

Britannien, Belgien, Germanien und Bastarnien in Betracht. Daher sind in diesen Gegenden die Bewohner in höherem Maße ungezügelt und grimmig.

Italien, Apulien, das römische Gallien, Sicilien gehören ihren Verhältnissen nach mehr dem Löwen und der Sonne an; aus diesem Grunde haben sie eine herrschbegierige, wohltätige und mehr den Gedankenaustausch liebende Natur zu eigen. Die Tyrrhenier letztlich, die Celten und Hispanier unterstehen dem Schützen und Jupiter. Daher lieben sie Weltgewandtheit und Eleganz.

Die übrigen Gebietsteile dieses Quadranten, die sich in der Mitte des ganzen Landvierteils erstrecken, Thracien, Macedonien, Jllyrien, Griechenland, Achaia, Areta, die cykladischen Inseln und die Küste Kleinasiens wie auch Cypern, welche gegen die Winter-Morgen-Seite des ganzen Quadranten schauen, nehmen die Natur des Trigons an, der in der Winter-Morgen-Seite die Herrschaft hat, nämlich des Stiers, der Jungfrau und des Steinbocks, und unterstehen Venus, Saturn und Merkur. Es sind daher die Bewohner dieser Landstriche einander ähnlicher und maßvoll im Betragen, herrschliebend, hochherzig, beugen sich nicht der Sklaverei, alles dies von Mars aus; treiben Musik, Wissenschaften, lieben die Freiheit, errichten Republiken aus eigner Einsicht, halten die

Volksherrschaft hoch und schaffen sich selbst Gesetze durch den Jupitereinfluß; weiter lieben sie Schauspiel und Eleganz infolge der Venus; sind human, gastfreundlich und obliegen eifrig der Pflege der Gerechtigkeit, den Wissenschaften und der Redekunst durch Merkur. Wiederum haben von diesen letzten einige Länder mehr die Natur des Stiers und der Venus, so die Cykladen und die Küste Kleinasiens wie Cypern. Infolgedessen sind ihre Bewohner zum größten Teile dem Wohlleben ergeben, lieben die Eleganz und pflegen auf das peinlichste ihren Körper. Der Jungfrau und der Merkurnatur dagegen unterstehen mehr Griechenland, Achaia und Creta. Aus dieser Ursache heraus sind die Bewohner dort den Wissenschaften ergeben und üben mehr Seele und Geist, denn den Körper.

Die Natur des Steinbock und Saturn aber tragen Macedonien, Thracien und Jllyrien an sich. Daher sind die Menschen dort versessen auf Reichtümer und weder gefällig noch einem Gedankenaustausch geneigt.

Im zweiten Quadranten, der nach Süden blickt, liegt der übrige große Teil Asiens, Indien, Arianien, Gedrosien, das Land der Parther, Medien, Persien, Babylonien, Mesopothamien und Assyrien, da diese Länder nach der Winter-Morgen-Seite gelegen sind, im Hinblick auf die Weltrichtung im allgemeinen. Sie entsprechen dem zweiten Trigon, dem aus Stier, Jungfrau und Steinbock, und werden infolge ihrer östlichen Lage von Saturn und Venus regiert. Diesen beiden Planeten entspricht nun auch die Natur ihrer Völker. Sie verehren nämlich die Venus, die von ihnen Isis genannt wird, und Saturn wie Sonne, denen sie den Namen Mithras gegeben haben. Es gibt dort viele Menschen, die die Gabe des Prophezeiens besitzen, und man heiligt dort den Schamteil des Körpers, weil jene Stelle den Lebenssamen hervorbringt. Die Völker selbst sind heiß von Natur, und gänzlich der geschlechtlichen Vereinigung und der sinnlichen Begierde ergeben, schätzen die Tanzkunst hoch und lieben körperlichen Schmuck infolge der Venus, sehnen sich nach Pracht und Schlemmerei durch den Einfluß Saturns, pflegen die Vereinigung mit Frauen ganz öffentlich und nicht im verborgenen, weil die Planeten in morgendlicher Stellung ihre Herrscher sind. Eine geschlechtliche Vereinigung mit Männern hingegen werden sie stets verabscheuen. Viele jedoch pflegen den Beischlaf mit ihren Müttern und geben ihre Demut durch die Haltung der Brust zu erkennen, da die vornehmste Stelle der Brust der Sonne entspricht. Sie lieben die Zierlichkeit und Eleganz der Frauen in der Gewandung und der Pflege des ganzen Leibes infolge der Venus, und sind dennoch dabei in Seele und Geist edel und kriegerisch infolge des morgendlichen Saturn. Im einzelnen werden mehr durch das Stierzeichen und die Venus regiert: Parthien, Medien und Persien. Infolgedessen pflegen die Bewohner dieser Länder ihre Gewänder mit Blumen zu schmücken, verhüllen den ganzen Körper, nur die Brust nicht, und sind im allgemeinen der Ueppigkeit und Eleganz ergeben.

Durch Jungfrau und Merkur werden Babylonien, Mesopothamien und Assyrien regiert, deren Bewohner sich daher durch die tiefe Kenntnis der Mathematik und durch die Beobachtung des Himmels und der Gestirne auszeichnen. Von Steinbock und Saturn beherrscht werden Indien[3]), Arianien und Gedrosien, aus diesem Grunde sind die Bewohner jener Länder mißgebildet, unsauber und tierisch.

Die mittleren Gegenden dieses Quadranten hingegen, Idumaea, Cava Syria, Judaea, Phönicien, Chaldaea, Orchinien, Arabia felix, schauen nach Norden und Westen, ihrer Beziehung zum Weltganzen nach. So besteht eine Verwandtschaft zwischen ihnen und dem Trigon der Sommer-Abend-Seite, Widder-Löwe-Schütze, und es gebieten ihnen Jupiter, Mars und Saturn. Daher verstehen sich diese Völker

---

[3]) *Ινδία*, gemeint ist India intra Gangem, Vorderindien; Hinterindien, India extra Gangem war den Alten so gut wie nicht bekannt. (Der Uebersetzer.)

ausgezeichnet auf Handel und Tauschgeschäfte und sind verschlagener, zeigen eine Geringschätzung Wagnissen gegenüber und lieben das Hinterhältige und das Auflauern, haben Sklavenseelen und sind im allgemeinen verschiedenartig im Ausdruck, je nachdem die Konfigurationen der Gestirne eine bestimmte Mischung solcher Charakterzüge bedingen.

Von diesen Ländern nun ist Cava Syria, Judaea, Idumaea mehr dem Widder und dem Mars zugeordnet. So sind denn ihre Bewohner dreist und frech, machen mystische Gottesverehrung lächerlich und sind hinterhältig.

Die Phönicier aber wie die Chaldaeer und Orchinier unterstehen dem Löwen und der Sonne. Das ist der Grund, weswegen sie aufrichtiger und edelmütiger wie auch wohltätiger sind und eifrige Pfleger der Astronomie und Astrologie, ebenso, warum sie vor allen übrigen Völkern die Sonnenverehrung pflegen. Arabia felix gehört mehr dem Schützen und Jupiter, woher die Fruchtbarkeit des Landes, die ihm den Namen gab, stammt und die Uebermenge der Gewürze wie auch die Gewandtheit des Benehmens der dortigen Menschen, ihre Freizügigkeit im Gespräch, bei Verträgen und in Geschäften.

Das dritte Trigon ist das der Zwillinge, Wage und des Wassermann. Im dritten Quadranten, der den Norden Groß-Asiens bildet, liegen Armenien, Hyrcanien, Matiana, Bactrien, Caspien, Serica, Sarmatien, Oxiana und Sogdiana. Sie wenden ihr Gesicht nach der Sommer-Morgen-Seite bezüglich unseres Weltganzen und entsprechen dem Trigon der Sommer-Morgen-Seite: Zwillinge, Wage und Wassermann. Beherrscht werden sie durch Saturn und den Jupiter in morgendlichem Stande. So verehren auch darum alle diese Völker Saturn und Jupiter, sind mit Reichtümern gesegnet, glänzen in Gold, sind elegant in der Lebensart und pflegen eifrig die Geheimwissenschaften, erzeigen sich gerecht, freimütig, großherzig, als strenge Feinde des Lasters, lieben die Verwandtschaft bis zu dem Grade, daß sie ohne Bedenken für sie in den Tod gehen, und Frömmigkeit wie Ruhm ist ihnen ein starker Antrieb; sie sind enthaltsam, sauber, in der Kleidung prächtig, wohltätig, und hervorragend in ihren seelischen Eigenschaften; alles dieses verursachen zum größten Teil die morgendlichen Planeten Saturn und Jupiter. Von diesen Völkern nun haben aber die Hyrcanier, Armenier und Matianer eine größere Verwandtschaft mit der Natur der Zwillinge und Merkurs, weswegen sie einen beweglicheren und weniger lauteren Geist zu Eigen haben. Die Bactrier, Caspier und Sericer werden von Wage und Venus regiert; so sind sie reich und lieben Musik, wie feine üppige Genüsse. Die Sarmaten,

Oxianer und Sogdianer gehören zu Wassermann und Saturn. Daher sind diese Völker mehr rauher, finsterer und unkultivierter. Die übrigen Völkerschaften dieses Quadranten, die der Mitte dieses ganzen Erdstrichs angehören, Bithynien, Phrygien, Colchis, Syrien, Commagene, Cappadocien, Lydien, Cilicien, Pamphylien, haben, nach der Winter-Abend-Seite schauend, auch die Natur des Trigons der Winter-Abend-Seite: Krebs, Skorpion und Fische, und werden von Mars, Venus und Merkur zugleich regiert. Darum pflegen auch die Bewohner dieser Gegenden fast überall den Kult der Venus, die ihnen die Mutter aller Götter ist und bei den verschiedenen Völkern unter verschiedenen Namen angerufen wird, und den des Mars, dem sie den Namen Adonis beigelegt haben oder auch andere Benennungen, und dem sie einen düsteren, unheilvollen Opferdienst eingerichtet haben. Sie sind sehr ungestaltet, sklavisch, arbeitsam, haben ihre Freude daran, Schaden zu stiften, sind dem Söldnerwesen zugetan, führen Beute und die Gefangenen zum Verkauf mit sich fort, wie sie auch unter sich den Straßenraub pflegen und einer immer den anderen in die Sklaverei bringt, infolge der morgendlichen Mars-Venus-Verbindung. Da gleichzeitig aber Mars im Venus-Trigon seine Erhöhung im Steinbock hat, und Venus im Mars-Trigon die ihre in den Fischen, so besitzen die Frauen dieser Gegenden eine außerordentliche Liebe ihren Gatten und Kindern gegenüber und sind treue Hüterinnen des Hauswesens, arbeitsam, gefällig, emsig und gehorsam.

Von diesen Ländern jedoch haben Phrygien, Bithynien und Colchis mehr noch die Natur des Krebses und der Venus. Daher sind die Männer zum großen Teile Feiglinge und gehen willig in die Sklaverei, die Frauen hingegen, infolge des morgendlichen Mondes und also seines männlichen Standes, männlich, herrisch und kriegerisch, wie die Amazonen, fliehen den ehelichen Verkehr mit den Männern, haben ihre Freude an Waffen und gewöhnen schon in der Kindheit die Mädchen, selbst die Pflichten des männlichen Geschlechtes auf sich zu nehmen. So schneiden sie sich die rechten Brüste ab, um dadurch geeigneter für den Kampf zu werden und entblößen diese Stelle, um zu zeigen, daß sie nicht auf Weiberart ihr Leben verbringen.

Syrien, Commagene und Cappadocien stehen mit dem Skorpion und Mars im Einklang. Es sind daher die Bewohner dieser Länder dreist und unverschämt, schurkisch, hinterhältig und placken sich ab. Die Lyder, Kylikier, Pamphylier dagegen gehören den Fischen und Jupiter an. Sie sind daher mit Reichtum gesegnet, freimütig, gute Kaufleute, freiheitsliebend und beim Abschließen von Verträgen nicht pedantisch.

Der letzte Quadrant umfaßt das Gebiet Lybien, wie man es mit einem gemeinsamen

Namen bezeichnet. Es enthält die Länder Numidien, Karthago, Afrika, Phyzania, Nasamonitika, das der Garamanen, Mauren, Gaetulien, Metagonien. Die Lage dieses Quadranten geht nach der Winter-Abend-Seite, entspricht der Natur des Trigons der Winter-Abend-Seite und wird beherrscht von Mars und Venus in abendlicher Stellung, weshalb in diesen Gegenden auch oft, infolge dieser Gestirnverbindung, die Herrschergewalt geteilt ist zwischen einem Mann und einer Frau, oder einem Bruder und seiner Schwester, so daß der Mann den Männern, das Weib dagegen den Frauen zu gebieten hat und diese Anordnung auch bei allen Nachfolgen gewahrt bleibt.

Diese Völker nun sind außerordentlich heiß von Natur und gierig nach dem Beischlaf mit Weibern, rauben sich ihre Ehegenossinnen, und in vielen Gegenden beschlafen zuerst die Könige alle neu in eine Ehe getretenen Frauen. Anderswo wieder gehören sie gemeinsam mehreren Gatten und die Männer lieben es, sich in Weiberschmuck zu kleiden, da sie von Venus regiert werden. Trotzdem aber sind sie kühn, verschlagen bei Schurkereien, treiben Zauberei, betrügen, sind waghalsig, lachen über Gefahren durch Mars. Numidien, Karthago und Afrika sind mehr dem Krebs und dem Monde verwandt. Aus diesem Grunde ist ihre Lebensart gesitteter, zuvorkommender im Gedankenaustausch und in ihren Handelsgeschäften, und sie können ihr Leben unter einem Ueberfluß aller Dinge verbringen. Die Metagonier, Mauren, Gaetulier gehören ihrer Natur nach unter den Skorpion und Mars. In diesem Sinne sind sie nun auch bei weitem häßlicher und widerwärtiger, sind ausgesprochene Fleischfresser, achten Gefahren ebensowenig wie ihr Leben und reiben sich gegenseitig in Stammeskriegen auf.

Die Phyzanier, Nasamonen und Garamanten kommen unter das Zeichen der Fische und Jupiter. Darum leben sie frei und unabhängig, besitzen mittelmäßige Geistesgaben, lieben ihre Arbeit, sind gefällig, sauber und zum größten Teil sehr freiheitsliebend und pflegen durch Jupiters Einfluß einen Hammonkult.

Der Teil dieses Quadranten jedoch, der seine Mitte bildet, Cyreka, Aegypten, Theben, Marmarika, Oasis, das Land der Troglodyten, der Araber, Azanier und das mittlere Aethiopien, dieser ganze Landstrich, der Sommer-Morgen-Seite gegenüberliegend, gehört durch gewisse Züge seiner Natur nach dem Trigon der Sommer-Morgen-Seite, aus Zwillinge, Wage und Wassermann an und hat als gemeinsame Beherrscher Saturn, Jupiter und Merkur.

Daraus entspringt es, daß die Angehörigen dieser Stämme, da sie durch die morgendliche Stellung dieser drei Planeten beeinflußt sind, ehrerbietig gegen ihre Götter sich bezeigen, religiös sind und Opferzeremonien üben, besondere Bestattungsgebräuche haben, ihre Toten der Erde übergeben und aus ihrer Umgebung fortschaffen, alles dies infolge der abendlichen Stellung dieser Planeten. Die seltsamsten Gesetze und Zeremonien sind bei ihnen im Gebrauch. In ihrem Gehorsam sind sie von niedriger Gesinnung, feige, kleinmütig und halten bei allem still. Haben sie jedoch die Möglichkeit, andere zu beherrschen, so sind sie stolz und hochfahrend; die Männer haben mehrere Frauen, und die Frauen mehrere Männer und gierig geben sie sich der Sinnlichkeit hin, auch haben sie Verkehr mit ihren Schwestern; die Männer besitzen außerordentliche Zeugungskraft, die Frauen eine ebensogroße Fruchtbarkeit, wie im gleichen Maße dieser ganze Erdstrich selbst eine außerordentliche Fruchtbarkeit aufweist. Viel aber sind die Männer faul und von weibischem Gemüt. Andere wieder kastrieren sich selbst, infolge der abendlichen Stellung der Uebeltäter und der Venus.

Von diesen Stämmen nun gehören die marmarischen Cyrenaeer und die Bewohner Unter-Aegyptens ihrer Natur nach zu den Zwillingen und unter Merkur. Daher sind sie überlegend, sehr geistig, scharfsinnig in allen Dingen und vorzüglich in der Weisheit und in religiösen Angelegenheiten; sie sind Magier, üben mystische, heilige Riten aus und sind in hohem Grade empfänglich für jede Wissenschaft. Die Bewohner Thebens und der lybischen Oase wie auch die Troglodyten kommen unter Wage und Venus. Daher sind sie warmblütig, beweglich und allem, was Genuß heißt, ergeben. Die Araber, Azanier,[1]) und die Bewohner des mittleren Aethiopien tragen die Natur des Wassermann und Saturn. Daher nähren sie sich mehr von Fleisch und Fischen, ziehen unstät im Lande umher und führen ein wildes, tierhaftes Dasein.

So habe ich denn nun soweit in der Hauptsache auseinandergesetzt, welche Verwandtschaft zwischen den Planeten und Zeichen einerseits und den einzelnen Völkern besteht, und welche Volkseigentümlichkeiten diesen Verhältnissen entspringen. Nun will ich, in der folgenden Aufstellung, um die Anwendung zu erleichtern, den einzelnen Zeichen die besonderen Völker zuteilen:

[1]) Arkadier. (Der Uebersetzer.)

♈ Diesem Zeichen gehören an: Britannien, Galatien, Germanien, Bastarnien, Kölesyrien,[5] Palästina, Idumaea, Judaea.

♉ Parthien, Medien, Persien, die Cykladen, die Küste Klein-Asiens.

♊ Hyrkanien, Armenien, Mathianien, Marmarika, Unter-Aegypten.

♋ Numidien, Karthago, Afrika, Bithynien, Phrygien, Kolchis.

♌ Italien, Gallien, Sicilien, Apulien, Phönicien, Chaldaea, Orchinien.

♍ Mesopotamien, Babylonien, Astyra, Hellas, Achaia, Kreta.

♎ Baktrien, Kaspien, Serika, Theben, Oasis, das Land der Troglodyten.

♏ Metagonien, Mauritanien, Gaetulien, Syrien, Kommagene, Kappadocien.

♐ Thyrrhenien, das Land der Kelten, Spanien und Arabia felix.

♑ Indien, Arrianien, Gedrosien, Thrakien, Macedonien, Jllyrien.

♒ Sarmatien, Oxiana, Sogdiana, Arabien, Azanien, Mittel-Äthiopien.

♓ Phazanien, das Land der Nasamontanen, der Garamanten, Lydien, Kilikien, Pamphylien.

[5]) Cava Syria, das hohle Syrien, das Gebiet zwischen Libanon und Antilibanon. (Der Uebersetzer.)

## Die Lehre über die Vorherverkündigung einzelner Ereignisse.

Diesen Ausführungen muß nun aber noch die folgende als nützlich angeführt werden. Es künden nämlich auch einzelne unter den Fixsternen allen den Ländern etwas im voraus, denen die Nachbargrade dieser Gestirne zugeordnet sind, die jene Länder anschauen, welche unter dem gleichen Wendekreis liegen und so eine Verwandtschaft mit jenen Graden aufweisen.

Bedeutenderen Städten hingegen künden jene Stellen des Zodiak im besonderen etwas, in denen Sonne und Mond zu Beginn ihrer Erbauung sich aufhielten, in derselben Art wie bei einer Nativität der Aszendent. Ist aber die Zeit ihrer Erbauung nicht festzustellen, so nimmt man zu irgendeiner Zeit das Medium Coelum der Nativität ihrer Fürsten oder Könige als Grundlage. Daraus kann man dann im allgemeinen Vorhersagen berechnen, besonders über hervorstechende Ereignisse des ganzen Reiches oder der Stadt im großen Ganzen. Die Art einer solchen Untersuchung gestaltet sich folgendermaßen:

Die allererste und wirksamste Ursache solcher Ereignisse ist die Konjunktion von Sonne und Mond, wenn sie eine Finsternis verursacht, und der Lauf der Gestirne zu dieser Zeit.

Zuvörderst aber ist die Stelle anzuzeigen, deren Reich oder Stadt der Ort der Finsternis oder die Plätze von Saturn, Jupiter und Mars etwas ankündigen.

Zum zweiten ist die Zeit anzugeben, wann oder wie lange die Ereignisse sich einstellen werden.

Drittens muß die Art des Ereignisses bezeichnet werden, wie etwa eine Hungersnot oder Kriegsfälle.

Und letztlich die besondere Gestaltung: welches der Umfang der Ereignisse sein wird oder wer schließlich den Sieg davontragen wird.

## Ueber die Betrachtung der Gegenden, für die ein besonderer Zustand in Betracht kommt.

Zuvörderst stellen wir bezüglich des Ortes in folgender Weise unser Urteil auf. Bei Sonnen- oder Mondfinsternissen, die besonders bemerkenswert sich darstellen, ziehen wir die Stelle des Zodiak, bei der die Verfinsterung eintritt, und die Gegenden, die dieser Stelle auf Grund der Verteilung unter die Trigone verwandt sind, in den Gesichtskreis unserer Betrachtung. Ferner, welche Städte auf der Grundlage des Aszendenten ihrer Erbauung oder des Ortes, den die Lichter zu jener Zeit besetzten, oder aber auf der Grundlage des Medium coeli der Nativitäten der Herrscher jener Gegenden mit dem Himmelsorte der Finsternis eine Verwandtschaft aufweisen.

Denjenigen Ländern oder Städten nun, die wir in solcher Weise mit dem Platze der Verfinsterung übereinstimmen sehen, können wir dann zum großen Teile Ereignisse, die sich in ihnen abspielen werden, voraussagen, besonders, wenn sie mit dem Zeichen der Finsternis Verbindung haben und die Finsternis selbst sich über dem Horizont jener Gegenden abspielte.

## Ueber die Zeit der Ereignisse.

Die zweite Lehre über die Zeit der verkündigten Ereignisse und ihre Dauer setzt sich folgendermaßen zusammen: Da die Verfinsterungen der Sonne und des Mondes in allen Gegenden nicht zur gleichen Stunde sich abspielen und weder der Grad der Verfinsterung noch ihre Dauer überall sich ähnelt, so müssen wir zuvörderst für jedwede Gegend verhältnismäßig die Zeit und dann die Polhöhe des Ortes, wie darauf die Eckhäuser berechnen, gerade so wie bei einer Nativität. Ferner muß darauf gemerkt werden, wie viele Aequatorstunden im Verhältnis zu einer Gegend die Verfinsterung dauerte.

Haben wir dies festgestellt, so ist zu urteilen: So viele Stunden wir gefunden haben, so viele Jahre währt die Wirkung der Sonnenfinsternis, so viele Monate hingegen die einer Mondfinsternis.

Den Beginn und den Höhepunkt einer solchen Periode ersehen wir daraus, wie sich der Ort der Verfinsterung am Himmel zu den Eckhäusern des Horoskopes verhält. Befindet die Eklipse sich im östlichen Horizont, so wird der Beginn der Periode in die nächsten vier Monate nach der Finsternis fallen. Die heftigste Steigerung der Zustände wird im ersten Drittel der ganzen Dauer sich einstellen. Befindet die Stelle der Finsternis sich aber im Medium coeli, so wird die Periode in den zweiten vier Monaten nach der Verfinsterung ihren Anfang nehmen und die heftigste Steigerung im zweiten Drittel ihrer Dauer erfahren. Lag schließlich der Ort der Eklipse im westlichen Horizont, so wird die Periode in den dritten vier Monaten nach der Finsternis anheben und ihren gesteigertsten Ausdruck im dritten Dritteil ihrer Dauer finden.

Kleinere Unterbrechungen oder Steigerungen künden wir aus Konjunktionen, die während dieser Zeit am Orte des Eklipse oder diesen zugleich aspektierend sich ergeben, und aus anderen Gestirnen, die zusammen aufgehen und Ereignisse künden, wenn sie dabei entweder im Auf- oder Untergange oder im Meridian oder bei ihrem abendlichen Aufgange[6]) das Zeichen[7]) aspektieren, in dem die Finsternis stattfand.

Aufgänge und der Aufenthalt am oberen oder unteren Meridian bewirken Steigerungen der Ereignisse. In Untergang dagegen oder untergehend in den Strahlen der Sonne[8]) und bei abendlichem Aufgange bringen sie ein Nachlassen der Wirkung hervor.

[6]) Heliakisch. (Der Uebersetzer.)
[7]) Mundan. (Der Uebersetzer.)
[8]) Heliakischer Untergang. (Der Uebersetzer.)

## Ueber die Art der Ereignisse.

Der dritte Hauptpunkt ist der, aus welchem wir ersehen, welcher Art die zukünftigen Ereignisse sein werden. Unser Urteil in dieser Beziehung schöpfen wir aus der Art der Zeichen und ihrer Bilder, in denen die Finsternis stattfand, aus den Plätzen der Planeten und Fixsterne, die die Zeichen beherrschen, und dem Zeichen der Eklipse selbst wie auch dem, das sich im Eckhause findet.

Die Beherrschung durch die Planeten aber ziehen wir in folgender Weise heran. Wenn ein Planet durch mehrere Würden dem Orte der Eklipse und dem ihr folgenden Eckhauszeichen entspricht, so ist dieser allein der Beherrscher, sofern nämlich er als Nächster für eine Annäherung oder Separation in Betracht kommt, oder mit dem Orte in irgend einem Aspekt steht, oder aber eine größere Stärke aufzuweisen hat auf Grund seines Hauses oder des Trigons, der Erhöhung oder der Grenzen. Finden wir jedoch nicht einen Planeten als den gleichzeitigen Herrn der Eklipse und des Eckhauses, sondern zwei, so nimmt den ersten Rang der Beherrscher der Eklipse ein, dem dann aber ein zweiter für die Wirkung an die Seite tritt, welcher beiden Forderungen zumeist entspricht. Sehen wir aber mehrere Gestirne von gleicher Kraft ihrer Würden eine Verbindung mit beiden Forderungen erweisen, so ist dasjenige vorzuziehen, welches dem Winkelpunkte am nächsten steht, oder durch seine Anzeichen mächtiger ist, oder seiner Art nach die größte Verwandtschaft aufzuweisen hat.

Von den Fixsternen aber wird noch derjenige hinzugezogen, der den vorhergegangenen Winkelpunkt beherrscht und dabei die größte Stärke des Glanzes aufweist im Verhältnis der neun Stufen, die ich im achten Buche meines großen Werkes überliefert habe, oder der in der Stunde der Eklipse im Aufgehen ist, oder aber nach den aus der Eklipse folgenden Winkelpunkten das Medium coeli besetzt hält.

Nach diesen Feststellungen und der Einbeziehung der Fixsterne für unser Urteil müssen wir die Figuren der Zeichen betrachten, in welchen sich die genannten Herrscher befinden, und von denen aus wir die Art der Ereignisse beurteilen können. Denn alle Zeichen, die eine menschliche Figur im Zodiak darstellen, künden den Menschen etwas Zukünftiges an. Alles auf die Erde bezügliche wird durch diejenigen bezeichnet, die entsprechende Figuren einnehmen. Lange wucherndes Unheil wird durch Schlangenbilder, elementar ausbrechendes durch Tierbilder gekennzeichnet. Zeichen zahmer Tiere bedeuten Schaden für Haustiere und zahmes Vieh, das für den Nutzen des Lebens herangezüchtet wurde, wie es der Sinn der einzelnen Zeichen ergibt, so für Pferde, Rinder oder anderes Getier. Nördliche Erdbilder deuten auf plötzliche Erdbeben, südliche auf große und unerwartete Regenstürze und Unwetter. Wird der Eklipsenort durch eine beflügelte Gestalt beherrscht, wie Jungfrau, Schütze oder den Schwan, so deutet das auf Schaden für das Federvieh, vorzüglich dessen, welches als Nahrung dienen muß. Herrschen hingegen wässrige Zeichen, so werden Ereignisse für Wassergetier und Fische eintreten; oder Seesternbilder wie Krebs, Steinbock und Delphin, so deutet das auf Ereignisse, für die das Meer oder die Schiffahrt in Betracht kommen; oder Bilder fließender Gewässer wie Wassermann und Fische, so auf solche für Flußtiere und alles, was mit Quellen zusammenhängt. Das Schiff Argo deutet auf beides. In äquinoktialen oder tropischen Sternbildern stiftet eine Eklipse ganz allgemein Schaden durch die Witterung und während der ihnen entsprechenden Zeit. Im Frühlingszeichen allem Wachstum und aller keimenden Baumfrucht, dem Weinbau, Feigenbau und allem Reifenden. Im Sommer-Solstitialzeichen schadet sie der Ernte und dem Import von Früchten. In Aegypten besonders hemmt sie den Nil, der über seine Ufer treten muß. Im Herbstaequinoktzeichen schadet sie der Saat und dem Ertrag. Im Winterzeichen dem Ölbau, den Vögeln und Fischen der Winterzeit.

In Aequinoktialzeichen deutet sie weiter aber auf Reformationen von Religions- und Opfergebräuchen. In tropischen dagegen auf solche in Geldangelegenheiten und der Herrschaft. Feste Zeichen dagegen wie Stier, Löwe, Skorpion, Wassermann, künden Schaden an Gebäuden und Grundeigentum; doppelte Zeichen wieder, wie Zwillinge, Jungfrau, Schütze und Fische Schaden für Menschen und Könige.

Finsternisse, die östlich fallen, künden allem Ertrag, dem Jünglingsalter und seinen Grundlagen Schaden. Solche im Medium coeli ganzen Ländern, Königen und dem mittleren Lebensalter. Im Untergang Gesetzänderungen und Unfälle und Tod für Greise.

Wie weit ein Ereignis sich ausbreiten wird, ersehen wir aus der Größe der Finsternis und den Gestirnen, die für die betreffende Verfinsterung mit den Grund für die Ereignisse legten. Im allgemeinen entsteht kleineres Unheil, wenn eine Sonnenfinsternis abendlich eintrat, Mondfinsternisse jedoch morgendlich stattfanden. In der Opposition zu diesen Orten dagegen mindern sie es zur Hälfte. Morgendliche Sonnenfinsternisse aber und abendliche Mondfinsternisse vergrößern die üble Wirkung.

## Welcher Art künftige gute oder böse Ereignisse sein werden.

Als vierter Hauptpunkt ist festzustellen, welches Gesicht künftige Ereignisse an sich tragen werden, ob sie gut oder böse sein werden. Das ersieht man aus der Natur der Beherrscher, so sie an kräftigen Orten stehen, aus der Mischung durch ihre gegenseitigen Aspekte und der des Zeichens, in dem stehend sie erblickt werden. Denn Sonne und Mond sind die Leiter aller übrigen Gestirne und so die hauptsächlichsten Verursacher von Ereignissen, lenken die Herrschaft der Planeten und kräftigen die Wirkungen derselben oder schwächen sie.

Die Beurteilung der Gestirne nun, die das vornehmste Anrecht bei der gegenseitigen Wirkungsmischung haben, zeigt die Art des Ereignisses an.

Beginnen wir also damit, die Eigenschaften der einzelnen Planeten zu erörtern. Folgende kurze Vorbemerkung muß aber dabei berücksichtigt werden: Wenn ich im allgemeinen Charakterzüge der Planeten aufführe, so verstehe ich darunter stets eine ähnlich gerichtete Wirkung, mag nun jener Planet selbst die Herrschaft inne haben, oder aber ein Fixstern, oder auch ein Ort des Zodiak eine gleiche Wirkungsweise hervorrufen: will sagen, daß ich über die natürliche Eigenschaft im allgemeinen sprechen will, nicht über die Gestirne im besonderen.

Bei der Vermischung ferner denke ich nicht so sehr an Konjunktionen der Planeten, sondern an die Natur auch anderer himmlischer Wirkungskräfte, Fixsterne oder Orte des Zodiak, wie ich deren Charakterverwandtschaft mit den Planeten an früherer Stelle aufgezeichnet habe.

In solchem Sinne also Saturn als alleiniger Herrscher bringt im allgemeinen Zerstörungen und Verderben durch Kälte, und besonders langdauernde Krankheiten für den menschlichen Körper: Schwindsucht, Auszehrung, die in Katarrhen ihren Ursprung findet, gestörte Sekretion, Fluß, viertägige Fieber; und Verbannung, Armut, Bedrängnis, Trauerfälle, Aengste und Aussterben, vorzüglich für Greise. Für die Tiere, die zu menschlichem Nutzen gehalten werden, bringt er Futtermangel oder schwächt sie durch Krankheit, und zwar bis zu solchem Grade, daß der Schaden selbst auf die Menschen übergeht, die sie halten. In den Lüften verursacht er entsetzliche Kälte, unter Vereisung, Nebel und großem Schaden für die Gesundheit. Unwetter entspringen dieser Ursache, ewige Wolkentrübe, viel Nebelschwaden, starke Schneefälle, nicht solche, die von Nutzen sind, sondern verderbliche, aus denen schleichendes Unheil für die Menschen erwächst. Auf Flüssen und Meeren beiderseits wilde Stürme, Schiffbruch, gefahrvolle Fahrten, Fischmangel und Fischsterben. Auf dem Meere besonders ein Abströmen der Wassermassen unter Zerstörung des Meerbettes und ihr Zurückfluten.

In Flüssen noch Ueberschwemmung und Dammbrüche. Auf der Erde Teuerung der Feldfrüchte, Erntemangel und Verheerung, hauptsächlich für die Früchte, die als Nahrungsmittel dienen, sei es durch Raupenplage oder Heuschreckenschwärme, sei es durch Ueberschwemmungen, Platzregen oder Hagelwetter, und zwar so außerordentlich, daß die Menschen an Hunger und ähnlichen Uebeln zugrunde gehen.

J u p i t e r allein als Herrscher, bewirkt Wachstum und Zunahme aller Enden, und, soweit die Ereignisse auf das menschliche Geschlecht sich beziehen, deutet er auf Ruhm und Ehre, Fruchtbarkeit, Gedeihen, Ruhe und Frieden. Er mehrt die Familie, begünstigt leibliche und und seelische Güter, verspricht Wohltaten und Geschenke der Könige, und krönt die Staatslenker selbst mit Ruhm; so ist er ganz allgemein die Ursache alles Guten. Er verspricht reichlichen Viehstand der Nutztiere, allen schädlichen Tieren dagegen Verderben und Untergang. In der Luft fördert er das gute Wetter, das gesund, windbewegt, feucht, alles Sprießende gedeihen läßt und schützt die Schiffe auf ihren Fahrten; die Flüsse läßt er sanft anschwellen, beschert eine reiche Ernte und Aehnliches mehr.

Mars hingegen allein im Besitze der Herrschaft, ist Ursache einer Zerstörung aller Enden durch dörrende Glut. Hinsichtlich der Menschen erregt er Kriege, innerlichen Zwiespalt und Aufruhr, Eroberungen und Vernichtung von Städten, Volksunruhen, Zorneshandlungen der Fürsten und daraus entspringend plötzlichen Tod. Außerdem dreitägige Fieber, Blutstürze, schmerzvolle Krankheiten, heftig einsetzendes Sterben unter der Jugend, Gewaltsamkeiten, Ungerechtigkeiten, Feuersbrünste, Meuchelmorde, Raubzüge und Straßenüberfälle. In der sommerlichen Witterung heiße, gesundheitsschädliche und auszehrende Winde, Blitzschläge, Wirbelstürme und Dürre. Auf dem Meere plötzliche Schiffbrüche durch Wirbelstürme, Gewitter und ähnliche Ursachen. In Flüssen saugt er das Wasser auf, läßt Quellen versiegen und verdirbt ihr Wasser; verdirbt das Getreide und alle Erdgewächse, entweder durch Hitze, bevor sie eingefahren werden, oder läßt die eingescheuerte Frucht in Flammen aufgehen.

Der Venuseinfluß ausschließlich dominierend zeigt ganz allgemein die gleichen Wirkungen wie der Jupiters, nur mit einer größeren Lieblichkeit verbunden. Im besonderen beschenkt er die Menschen mit Ruhm, Ehren, Lebensfreude, ist die Ursache fruchtreicher Jahre, glücklichen Ehelebens, eines zahlreichen Nachwuchses, gibt Ansehen und Vorteil durch Freundschaften und Verbindungen, eine Vermehrung aller Lebensmöglichkeiten, Eleganz in der Lebenshaltung, Frohsinn und Humanität, Achtung der Religion, außerdem auch körperliche Gesundheit und Pflege, und vertrautes Verhältnis des Volkes mit seinem Fürsten.

In der Witterung verursacht er warme mäßige Winde, einen feuchten und fruchtbaren Zustand der Lüfte, gutes und heiteres Wetter, fruchtbare Regenfälle, einträgliche und glückliche Seefahrten, Ueberschwemmungen der Flüsse, Vermehrung der Nutztiere und einen Ueberfluß bei der Erdernte.

Merkur ausschließlich herrschend, paßt sich im allgemeinen der Natur des Gestirnes an, mit dem er verbunden ist, kennzeichnet sich aber durch schneller eintretende Verhältnisse. In menschlichen Handelsgeschäften verleiht er größere Schnelligkeit, Fleiß und Gewitztheit bei allen Unternehmungen. Er ist der Auflauerer bei Straßenräubereien, Diebstählen und Seeräubereien, bringt Atemnot hervor, ist der Verbündete aller Uebeltäter und ruft trockene Krankheiten hervor, eintägige Fieber, Husten, Asthma, Schwindsucht; und Reformationen im Gottesdienst und den Religionen, Rückkehr von Königen, Veränderungen in Einrichtungen und Gesetzen, immer in der Art des Gestirnes, mit dem er verbunden.

In der Witterung, da er trockener Natur und schnell ist und sehr nahe um die Sonne schweift, erregt er unregelmäßige Winde, die schnell dahersausen und plötzlich wechseln, Gewitter, Einschläge, ferner Erdspaltungen, Erdbeben und Wetterleuchten. Aus solchen Gründen trägt er zuweilen eine verderbliche Wirkung für Tiere und Pflanzen in sich. Westlich stehend trocknet er die Flüsse aus, in östlichem Stande mehrt er ihre Fluten.

Das also sind, meiner Ausführung nach, die reinen Eigenschaften der Planetenwirkungen. In ihrer Vermischung jedoch mit anderen Kräften ändern sie ihre Auswirkungen je nach der Verschiedenartigkeit der Aspekte und der Zeichen wie ihrem Stand zur Sonne, und aus diesen Vermischungen ihrer Eigenschaften entstehen dann die verschiedensten Möglichkeiten. Da es jedoch unmöglich ist, die Charakterzüge der einzelnen Vermischungen auseinanderzusetzen und sämtliche Konfigurationen im einzelnen auszuführen, da ihre Mannigfaltigkeit zu groß ist, so mögen diese Ueberlegungen der Scharfsinnigkeit und Einsicht der einzelnen Astrologen überlassen bleiben.

Das aber müssen wir auf das Sorgfältigste beobachten, mit welchen Reichen und Städten die Gestirne, welche ein Ereignis herbeiführen, eine Verwandtschaft oder Verbindung aufweisen, sodaß diesen ein demgemäßes Ereignis drohen könnte. Denn sofern die Wohltäter dem Orte des Ereignisses durch gute Aspekte verbunden sind, und sie nicht bezwungen werden durch Gestirne entgegengerichteter Wirkung, so bringen sie ihre eigene Wirkung durch die Güte ihrer Natur zu hoher Vollkommenheit. Weisen sie eine solche Verbindung nicht auf oder müssen sich unter feindliche Gestirne beugen, so wird ihre günstige Wirkung gemindert.

Haben jedoch Schadenstifter auf solche Weise die Herrschaft erlangt, und stehen mit dem Orte des Ereignisses in harmonischer Verbindung, werden dabei auch durch Gestirne entgegengesetzten Charakters in Schach gehalten, so ist der Schaden, den sie verursachen, geringer. Schützen sie jedoch die Gegenden nicht selber oder werden von anderen Gestirnen, denen irgend eine Würde oder die Herrschaft über die Gegenden, für die Ereignisse angezeigt sind, eignet, nicht gehindert, dann werden sie die verderblichen Wirkungen ihrer Art um so heftiger entfalten.

Am stärksten aber werden durch üble Ereignisse im allgemeinen diejenigen Plätze in Mitleidenschaft gezogen, in deren Nativitäten die Hauptorte, nämlich die Lichter und Eckhäuser die gleichen sind, wie diejenigen, welche den Grund für die Ereignisse im Finsternis-Horoskop legten, also entweder die Zeichen der Finsternisse einnehmen, oder diesen in

Opposition gegenüberliegen. Besonders gefahrvoll jedoch und unausweichlich stellt sich ein Ereignis ein, wenn selbst die Grade der Finsternis, oder ihre Oppositionsstellen völlig übereinstimmen mit den Graden eines der Lichter der Nativität eines Reiches oder einer Stadt.

## Ueber die Farben bei Finsternissen, Kometen und anderes dieser Art.

Beachtet müssen bei Betrachtungen des Allgemeingeschickes auch die Färbungen während der Verfinsterungen werden, sowohl die der Lichter selbst, als auch die, welche in ihrer unmittelbaren Umgebung entstehen und in die Erscheinung treten, wie Streifen oder Flächen und ähnlich geformte Bildungen. Erscheinen sie nämlich schwärzlich düster oder bläulich, so künden sie Wirkungen, wie wir sie unter der Natur Saturns ausgeführt haben. Werden sie weißlich schimmernd erblickt, entsprechen die Ereignisse der Natur Jupiters, rötlich der des Mars, gelblich der Venus, wenn sie ein Farbengemisch wechselnd darstellen, derjenigen Merkurs. Wenn nun die eigentümliche Verfärbung die Lichter selbst gänzlich, oder die ganze benachbarte Umgebung rings um sie her eingenommen hat, so zeigt dies durch die Verfinsterung beschriebene Ereignisse für so gut wie sämtliche Teile der Reiche an. Bildet sich die Verfärbung jedoch nur an irgend einem Teile, so zeigt sie denjenigen Teilen Künftiges an, nach deren Seite die Färbung sich herüber zieht.

Acht gegeben muß für die Betrachtung der allgemeinen Verhältnisse gleicherweise werden auf Kometen, sowohl bei Finsternissen, als auch, wenn sie zu irgend einer beliebigen Zeit aufleuchten, ob sie, wie wir es bezeichneten, balkenförmig, gebogen wie ein Horn, oder wie ein Faß gebaucht sind, oder noch anders gestaltet. Ihnen nämlich entsprechen die Ereignisse, welche durch Mars erregt werden und durch Merkur, wie Kriege, Hitzeperioden, große Unwetter und alles, was wir aus ihnen an ähnlichen Wirkungen zu folgern gewohnt sind. Die Orte schließlich, denen sie ihre Ereignisse androhen und auferlegen, zeigen die Grade des Zodiak an, von denen im ersten Grade diejenigen ergriffen werden, in denen die Kerne selbst aufgeflammt sind, in zweiter Linie die je nach der Gestalt des Schweifes von diesem berührten. Aus dem Gesicht oder der Form der ganzen brennenden Erscheinung sozusagen offenbart sich dann die Art und der Gegenstand der Wirkung, auf die sie hinzielt. Die Dauer ihres Aufflammens belehrt uns über die Stärke oder das Nachlassen der Ereignisse, der Stand zur Sonne über den Beginn derselben, in welcher Zeit sie zuerst die Menschheit überfallen werden. Denn erscheinen sie morgendlich zur Sonne und brennen frei am Taghimmel, so geben sie schnell eintretende Ereignisse, abendlich glühend langsamere kund.

## Vom Jahres-Neumond.

Nachdem uns so die Gesetze der allgemeinen Betrachtung von Ereignissen auseinandergesetzt wurden, die ganzen Reichen oder Städten sich ankündigen, folgt nun weiter die besondere, genauere Frage nach denen, welche während der einzelnen Abschnitte des Jahres sich einstellen werden. Die Heranziehung dieses Gegenstandes bedingt eine Auseinandersetzung über den Neumond des Jahres. Daß dieser Neubeginn am günstigsten auf Grund des Sonnenumlaufs erfaßt werden kann, bei der Rückkehr zu jenem Platze, von dem sie ausging, lehrt uns die Sache selbst, einmal durch das natürliche Verhältnis in sich, zum andern schon durch die Bezeichnung. An welche Stelle man jedoch diesen Anfang am einfachsten ansetzen soll, das scheint bei einer oberflächlichen Ueberlegung schlecht erfaßt werden zu können. Für jenen Zirkellauf, der durch die Mitte der Zeichen läuft, kann man zuvörderst für diese Stellen als gesetzmäßig wahrscheinlich die Augenblicke der Aequinoktien und der beiden mit dem Namen Koluren bezeichneten annehmen, also die beiden Aequinoktialstellen und die zwei tropischen. Wiederum kann jemand hier jedoch im Zweifel sein, welchen von diesen vier Punkten man als den vornehmsten und Ursprungspunkt ansehen soll. Unstreitig, ziehen wir die Eigentümlichkeit der einfachen, kreisförmigen Natur der Umlaufsbahn in Betracht, hat kein einziger von ihnen den Anspruch, als Anfangspunkt des ganzen Laufes zu gelten. Allein doch werden alle, die über diese Angelegenheit ein wenig nachgesonnen haben, wohl einen oder den anderen dieser vier Punkte heranziehen; mag jeder immerhin einen anderen vorziehen, weil jeder durch seine Gesetze oder die Wirkungen seiner Natur diesen oder jenen als ersten anzusetzen sich getrieben fühlte. Denn schließlich weist jeder dieser einzelnen Grade einen gewissen Vorzug auf, durch den er mit Recht die Rolle des Ursprungs und der Jahreserneuerung in Anspruch zu nehmen berechtigt ist. Der angemessenste schließlich ist der Punkt der Frühlingsnachtgleiche, weil mit ihm die Tagesdauer anfängt, zuerst die Oberhand über die Nächte zu gewinnen, und diese Zeit die Feuchtigkeit im Ueberfluß aufquellen läßt. Die Feuchtigkeit aber hat, wie wir an früherer Stelle ausführten, den kräftigsten Einfluß beim Beginn des Neugebärens. Das Solstitium führt uns dem längsten Tag entgegen. Bei den Aegyptern brachte es auch die Nilüberschwemmung mit sich und machte sich durch den Aufgang des Hundssternes [9]) bemerklich. Mit

[9]) Sirius. (Der Uebersetzer.)

dem Herbst-Aequinoktium beginnt die Zeit der Ernte und des Einscheuerns der Frucht, und gleichsam von neuem wird dann der Erde der Same anvertraut. Der Tag der Winter-Sonnen-Wende, wie wir früher beschrieben, läßt wieder das Keimen und das Wachstum beginnen.

Mir selbst nun erscheint es vernünftiger und natürlicher, für die Verkündung von Ereignissen des ganzen Jahres alle vier Anfänge heranzuziehen, indem wir uns nach den Phänomenen der kurz vorhergehenden Neumonde zwischen Sonne und Mond und denen des Vollmonds richten, und im besonderen, wenn dabei eines der Lichter verfinstert wird, und auf diese Weise unser Urteil über die Gestaltung des Frühlings zu fällen nach dem Widderanfang, über den Sommer nach dem Krebsanfang, über den Herbst nach dem der Wage, und über den Winter nach dem Steinbock. Denn die allgemeinen Verhältnisse der Zeitläufte und ihre Art bringt die Sonne hervor, woraus denn auch die gänzlich Unerfahrenen unter den Astrologen Künftiges vorher zu verkünden pflegen.

Aber es müssen ebenso auch die Eigenschaften der Zeichen für die Kennzeichnung der Winde und die der allgemeinen Eigenheiten hinzugezogen werden.

Die Veränderungen aber im Laufe der Ereignisse, welche im einzelnen während dieser

Zeiten sich ergeben, ihre Steigerungen und ihr Abflauen, zeigen allgemein also die den genannten Punkten am nächsten erfolgenden Konjunktionen der Lichter, und die Konfigurationen der Planeten mit diesen an.

Im besonderen weiter das Zusammentreffen dieser Planeten in den einzelnen Zeichen, und die Vollmonde wie auch die Transite der Gestirne; eine solche Untersuchung bezeichnet man als Monatsprognose.

## Ueber die einzelnen Kräfte und die Naturen der Zeichen in bezug auf die sich dadurch gestaltenden Aenderungen des Wetters.

Um diese jährlichen Zustände beurteilen zu können, müssen auch im einzelnen die natürlichen Eigenheiten der Zeichen bekannt sein. Bis zu welchem Grade nämlich auf den Zustand der Witterung und der Winde die Wirkungen der einzelnen Gestirne zweifellos, sowohl der Planeten als der Fixsterne, die den Planeten bezüglich ihrer Natur und in ihren Wirkungen entsprechen, Einfluß haben, wie weit weiter auf den der Winde und der vier Jahresabschnitte die Zeichen an und für sich ihn zeigen, haben wir an früherem Orte entwickelt. Es bleibt uns nun noch, der einzelnen Natur der Zeichen ebenfalls nachzugehen.

Das Widderzeichen im allgemeinen ist gewitterschwanger und hagelreich; im einzelnen jedoch werden dergestaltige Ereignisse gelenkt und verursacht durch die Eigenschaften der Fixsterne, von denen früher gesprochen wurde. Die ersten Grade des Zeichens begünstigen Nebelbildung und Windbewegung, die mittleren sind gemäßigterer Natur, die letzten schwül und gesundheitsschädlich. Die nördlichen

Grade[10]) sind schwül und gesundheitsschädlich, die südlichen schneereich und etwas kalt.

Das Stierzeichen bringt vor allem eine Verstärkung der beiden Regenarten mit sich und ist etwas warm; im besonderen sind die ersten Grade, hauptsächlich dort, wo die Plejaden sich befinden[11]), stürmisch, windig und nebelig; die mittleren feucht und kühl, die letzten, um die Hyaden herum[12]), tragen eine feurige Natur in sich und senden Blitze und Wetterleuchten aus. Die nördlichen Grade sind übermäßig stürmisch, die südlichen veränderlich und wechselvoll.

Das Zwillingszeichen verursacht im allgemeinen eine gemäßigte Beschaffenheit der Witterung, im besonderen verursachen hingegen die vorderen Grade eine größere Feuchtigkeit, die manches verdirbt, die mittleren zeigen eine gute mäßige Mischung, während die letzten Grade eine gemischte wechselvolle Natur hervorbringen. Die Nordgrade sind windig und erschüttern die Erde, die südlichen dörren sie aus und belästigen sie durch Hitze.

Das Krebszeichen läßt im allgemeinen heitere und warme Witterung zutage treten,

---

[10]) Oberhalb der Sonnenbahn. (Der Uebersetzer.)

[11]) Heute befinden sich allerdings, infolge einer Präzession von 3 Jahrtausenden, die Plejaden fast am Ende des Stierzeichens. (Der Uebersetzer.)

[12]) Die sich heute in den Anfangsgraden des Zwillingszeichens befinden. (Der Uebersetzer.)

im einzelnen zeigt es in seinen ersten Graden in der Gegend der Praesepe[13]) eine erstickende Schwüle an, erschüttert die Erde und gießt Nebel aus; in seinen mittleren Graden ist es gemäßigter, in den letzten regt es die Winde auf. Die nördlichen wie die südlichen Grade sind feurigheiß, schädlich und schwül.

Das Löwezeichen erregt im allgemeinen eine atembeklemmende Hitze; im besonderen aber verursachen die ersten Grade eine erstickende und verderbliche Hitze, die mittleren sind gemäßigter, die letzten dörrend heiß und die Verursacher verderblicher Zustände. Die nördlichen Grade sind hitzeerfüllt und unbeständig, die südlichen feucht.

Das Jungfrauzeichen zeigt im allgemeinen eine feuchte, gewitterschwangere Natur; im einzelnen sind die Anfangsgrade heiß und schädlich, die mittleren mäßig, die Endgrade wasserreich. Der nördliche Teil des Zeichens peitscht die Winde auf, der südliche erweist eine gemäßigte Natur.

Das Wagezeichen zeigt sich im allgemeinen veränderlich und wechselvoll, im besonderen hingegen ist es in seinen vorderen Graden und den mittleren gemäßigter Natur, in den letzten wasserreich. Im nördlichen Teil winderfüllt, im südlichen feucht und gesundheitsschädlich.

[13]) Heute in den Anfangsgraden des Löwezeichens. (Der Uebersetzer.)

Das Skorpionzeichen ist seiner Art nach gewitterschwer und heiß, im einzelnen bringen seine Anfangsgrade bereits Schneebildungen hervor, die mittleren sind wieder mäßiger, das Ende des Zeichens sturmerfüllt. Der Norden des Zeichens bringt noch unruhevolle Schwüle hervor, der Süden große Feuchtigkeit.

Das Schützezeichen ist im allgemeinen feucht. Im einzelnen dagegen in seinem Anfang feucht, in der Mitte gemäßigter, am Ende feurig lebhaft. Die Nordteile windbewegt, die südlichen feucht und veränderlich.

Der Steinbock ist im allgemeinen feucht; im besonderen erweisen die vorderen Grade sich als unruhvoll hitzig und schadenstiftend, die mittleren gemäßigt, die letzten regenreich. Der südliche wie der nördliche Teil des Zeichens ist feucht und reich an Verderben.

Der Wassermann ist im allgemeinen kalt und wasserreich, im besonderen hingegen zu Anfang reich an Feuchte, in der Mitte gemäßigt, im Ausgange windig. Das Zeichen nach Norden unruhvoll bewegt, gegen Süden schneereich.

Das Zeichen der Fische ist ganz allgemein kalt und windig, im einzelnen aber haben die vorderen Grade eine gemäßigte Natur, die mittleren sind feucht, die hinteren unruhig und bewegt. Der Norden windig, der Süden wasserreich.

## Ueber die besondere Betrachtung der Witterung.

Nach diesen Betrachtungen hat nun die Heranziehung der Anzeichen der genaueren Einzelheiten zu folgen, die sich folgendermaßen darstellt.

Die erste Art haben wir als allgemeine bezeichnet, abgeleitet aus den Quadranten des Tierkreises, für welche, wie wir es an früherer Stelle erläutert, die den tropischen und Aequinoktialpunkten nächsten Neu- und Vollmonde zu berücksichtigen sind, zusammen mit den Eckhäusern in den Augenblicken des Neu- und Vollmondes, je nach der Breite eines jeden Erdstriches, in der gleichen Weise, wie man sie für den Zeitpunkt einer Geburt berechnet. Dann müssen die Gestirne beachtet werden, denen das Herrscherrecht über die Neu- und Vollmonde und über das diesen folgende Eckhaus zusteht, in der Weise, wie wir es oben bei der Lehre von den Eklipsen ausgeführt haben. So also müssen die allgemeinen Züge der Ereignisse auf Grund der Eigenschaften der Quadranten erforscht und ergründet werden, die Steigerungen wie das Abflauen aber, wie auch, welcher Art die künftigen Ereignisse sein und wie sie sich gestalten werden, aus der Natur der herrschenden Gestirne abgeleitet werden.

Die zweite Art ist die der monatlichen Prognose, für die auf die gleiche Art und Weise die Neu- und Vollmonde, die in jedem einzelnen Zeichen sich bilden, beobachtet werden, wobei wir noch den Fall als besonderen berücksichtigen müssen, daß, wenn vielleicht das eine Mal ein Neumond kurz vor den Aequinoktial- oder tropischen Punkten eintrat, wir dann den ganzen Quadranten hindurch die Neumonde verwenden müssen, ging als nächster dagegen ein Vollmond voraus, so die Vollmonde. Beobachtet werden müssen einmal die Eckhäuser, dann die über beide Plätze herrschenden Gestirne, besonders die nächsten Aspekte, wie auch die Applikationen und Separationen der Planeten, im gleichen ihre Eigenschaften und die der Zeichen, durch welche sie laufen; so also, welche Winde diese Planeten erregen, oder die Grade, durch die sie wandern; ferner, auf welche Windrichtung der Mond durch seine Breite hinweist und hingerichtet ist, infolge der Schräge der Ekliptik. Aus allen diesen Anzeichen (unter Berücksichtigung der kräftigsten) vermögen wir dann den hauptsächlichsten Zustand und die Winde eines Monats vorauszuerkennen.

Die dritte Art gehört der schärferen Erkennung der Unterbrechungen oder der Steigerungen von Ereignissen an, wofür die einzelnen Aspekte der Sonne und des Mondes beachtet werden müssen, nicht nur bei Neu- und Vollmonden, sondern auch dazwischen, nämlich während der Quadraturen. Zu solchen Zeiten muß darauf gemerkt werden, welche Veränderungen der Anzeichen innerhalb dreier Tage, bevor der Mond auf seinem Laufe in ein Verhältnis mit der Sonne tritt, beispielsweise während der drei Tage vor den Quadraturen, zuweilen auch die drei Tage nachher, sich zeigen, einmal hinsichtlich dieser Stellungen selbst, dann hinsichtlich der anderen ebenfalls, wie Trigon und Sextil, und ebenso der übrigen Planeten-Konfigurationen mit dem Monde. Denn aus deren Natur wird allgemein gebräuchlich die Eigentümlichkeit der Veränderung gefolgert, die der Verwandtschaft der Gestirnaspekte und Zeichen mit der uns umgebenden Witterung und ihren Winden entspricht.

In der Tat werden sich die Steigerungen oder Unterbrechungen eben dieser besonderen Verhältnisse aber in äußerst kräftiger Weise zeigen, wenn diejenigen unter den Fixsternen, die besonders hervorragender und kräftiger Natur sind, morgens oder gegen Abend am Himmel funkeln, oder mit der Sonne zugleich auf- oder untergehen. Dann nämlich wandeln sie in den meisten Fällen den speziellen Zustand ihrer Natur zu um. Ebenso muß man weitergehen und beurteilen, wann die Lichter die Weltwinkel durchlaufen. Bei solchem Stande derselben nämlich werden Veränderungen in den Steigerungen oder dem Abflauen eintreten; gleichwie Ebbe und Flut nach des Mondes Bewegung erregt wird, so werden, bei Durchgang des Mondes durch die Weltwinkel, Veränderungen bezüglich der Winde sich einstellen, die er infolge seines Abweichens von der Sonnenbahn hervorruft. Wann aber wir solche Vorgänge vermuten müssen, und wann die ursprüngliche und allgemeine Ursache die Oberhand gewinnen wird, das folgt zugleich aus derjenigen, durch welche auch die speziellen Ereignisse hervorgerufen werden. Dann nämlich wird jedesmal ihre Wirkung kräftiger hervortreten und Steigerungen sich ergeben, wenn die Gestirne, welche die Herren der derzeitigen allgemeinen Zustände sind, sich denjenigen, von welchen Einzelheiten in dieser Zeit verursacht werden, durch Aspekte oder andere Konfigurationen verbinden.

## Ueber die Bedeutungen der Meteore.

Von weiterem Vorteil ist es für die Vorauserkenntnis der speziellen Ergebnisse, auf die Anzeichen zu achten, die sich durch Sonne, Mond und Gestirne erkennen lassen. Denn die aufgehende Sonne beobachten wir für unsere Schlüsse über das Wetter des Tages; die untergehende für das der Nacht; langfristigere Zustände erkennen wir durch die Konfigurationen der Sonne mit dem Monde. Denn auch die einzelnen Kennzeichen erlauben, das Wetter für die nächsten Stunden gewöhnlich zu erkennen.

Wenn also die Sonne in reinem Glanze, ohne Dunstschleier, ohne irgendeine Veränderung und ohne Wolken aufgeht oder untersinkt, so verspricht sie ein reines, klares Wetter. Erhebt sie sich in einer wechselvollen oder rotflammenden Umgebung, oder geht darin unter, oder sendet rötliche Strahlengarben aus, sei es, daß sie in gerader Richtung sich verbreiten, oder in sich gekräuselt erscheinen, oder an einer Seite in den Wolken, die unter ihr schweben, sich das bildet, was man Parhelia, Nebensonnen nennt, oder sie die Wolken in rote Farbe taucht, oder aber durch die Wolken lange Strahlengarben hindurchsendet, so kündet sie damit heftige Winde an, die aus jener Himmelsrichtung hervorbrechen, auf der jenes Bild sich gestaltet hatte. Düster und fahl im Auf- oder Untergehen, in Wolken gehüllt oder von einem Hof auf einer Seite umgeben oder auf beiden von Nebensonnen, oder sie schickt ihre Strahlen blaß und trübe aus, so droht sie kaltes, stürmisches Wetter und Regen.

Den Mond werden wir in seinem Laufe während der drei Tage vor oder nach dem Neu- oder Vollmond und dazwischen, wenn er die Sonne quadriert, beobachten. Denn solange er in zartem, klaren Lichte erglänzt, und er keinen Hof hat, spendet er heiteres Wetter. Ist sein Schein von einem zarten Rot bedeckt, und er selbst ganz und klar zu sehen, auch auf jener Seite, die dem Lichte abgewandt ist, so regt er die Winde auf von jener Seite, nach der er sich wendet, trübe, dichte, graue Regen- und Unwettertage droht er dann.

Zu beachten ist auch der Hof, der den Mond zeitweise umgibt. Denn ist er ein einziger und klar und verliert sich allmählich ins Nichts, kündet er Heiterkeit des Wetters, sind es aber zwei oder drei, deuten sie auf kalte Regentage. Zeigen sich Höfe von rötlicher Farbe, und gleichsam durchbrochen, so zeigen sie Tage, die von ungestümen Stürmen durchbraust werden, an; sind sie dunstig und dick, solche mit Regengüssen, fahl, trübe und zerrissen dagegen mit beiden. Letztlich, je mehr Höfe sich bilden, um so größere Regenperioden bringen sie mit sich. Höfe, die von Planeten oder heller glänzenden Fixsternen umgeben sind, künden je nach der Eigenschaft ihrer Farbe das, was die Naturen der Gestirne mit sich bringen.

Gleicherweise sehen wir auch auf dichte Häufungen kleinerer Sterne, in welcher Farbe oder welcher Größe sie erscheinen. Wenn sie glänzender und größer erscheinen als gewöhnlich, so zeigen sie von der Gegend des Himmels, in der sie sich gebildet haben, Windstöße an. Wenn weiter Nebelflecke, wie in Praesepe und ähnliche, bei heiterem Himmel nur schwach schimmern oder sich dem Blick entziehen, oder endlich verdichtet erscheinen, künden sie stürmische Unwetter mit Regen oder Hagel, in reinem Glanze jedoch und beständig szintillierend, stürmische Wirbelwinde an. Wenn von den beiden Sternen, welche bei Praesepe unterschieden werden können, mit dem Namen *Esel* bezeichnet, der nördliche nicht sichtbar ist, so wird Nordwind wehen. Ist jedoch der südliche im Dunkel untergetaucht, wird der Südwind seine Schwingen erheben.

Außerdem künden auch die Haarsterne, welche zu gewissen Zeiten am Himmel sich bemerken lassen und Zeichen genannt werden, stets rauhe Winde, und das um so heftiger, in je größerer Zahl sie sich zeigen oder je größer sie selbst in die Erscheinung treten.

Sternschnuppen, wenn sie aus einem Weltwinkel hervorbrechen, zeigen bald darauf folgende Winde aus derselben Richtung kommend an; wirbeln sie durcheinander, erregen sie einen Kampf der Winde, stürzen sie jedoch aus allen vier Himmelsgegenden hervor, so bringen sie Regenwetter, Blitze, Wetterleuchten und ähnliches.

Wolken in irgendeiner Gegend des Himmels, Wolleflocken gleichend, zeigen folgende Regenwetter an.

Himmelsbögen können gleicherweise zu jeder beliebigen Zeit auftreten; ist das Wetter klar, zeigen sie Regenfälle, regnet es aber im gleichen Augenblick, zeigen sie wieder Klärung des Wetters an. Solche Schlüsse dürfen wir nun also ziehen, da wir wissen, daß die Verhältnisse des Himmels, wie sie sich uns zu bestimmten Zeiten dem Blicke darbieten, stets das nach sich ziehen, was an früheren Stellen über ihre Wirkungen auseinandergesetzt wurde. Bis hierher nun haben wir uns darin gefallen, einen kurzen Ueberblick über die allgemeinen und speziellen Anzeichen aufzustellen. Uebrig bleiben uns jetzt noch die Aussagen über das Geburtshoroskop, die wir im folgenden, in bestimmter Reihenfolge, erläutern wollen.

*Des Astronomen*

# *CLAUDIUS PTOLEMAEUS*

***Bücher seines Werkes über die astrologische Interpretation, herausgegeben von***

## *Philipp Melanchthon.*

# DAS DRITTE BUCH.

## Von Empfängnis und Geburt.

Da das vorige Buch die Betrachtung allgemeiner Schicksalsereignisse enthält, denen man eine vorherrschende Wirkung zuzusprechen hat, zumal sie meist auch auf die besonderen Momente des Schicksals der einzelnen Menschen beherrschenden Einfluß ausüben, — wir bezeichnen diese letztere Vorauserkenntnis mit dem Namen genethlialogische — so müssen wir uns dabei bewußt bleiben, daß in beiden dieser Fälle sowohl die Betrachtungsweise, als auch die Ursachen und ihre Auswirkung die gleichen sein müssen. *Denn die Ursache des allgemeinen Schicksals wie auch des speziellen im Leben einzelner Menschen sind die Wirkungen der Planeten, der Sonne und des Mondes.* Wissenschaftliche Beobachtung der Bewegungen und Wirkungen aber schlägt die Brücke zu den Veränderungen der Welt, indem man Ereignisse vergleicht, die vor sich gehen bei Transiten der Gestirne, welche ähnliche Wirkungen im uns umgebenden Aether nach sich ziehen. Naturgemäß wirken umfassende Ursachen kräftiger, während die einzelnen nicht von so starker Wirkung sind. Nach beiden Richtungen hin jedoch sind die Grundregeln, nach denen wir auf Grund der Gestirnkonstellationen unsere Voraussagen über ihre Bedeutung treffen, voneinander durchaus verschieden. So gibt es für das allgemeine Geschick viele Augenblicke des Beginnes. Für eine Stadt zum Beispiel oder ein Reich gibt es keinen ersten Anfang und die Regeln dafür nehmen wir gewöhnlich auch nicht daher, sondern sehr oft aus andern Verhältnissen, welche stärkere Beweggründe in sich tragen. Denn fast in allen Fällen berufen wir uns in dieser Beziehung auf das Zeugnis der Eklipsen, die von mächtiger Wirkung sind, und der großen Konjunktionen. Für das einzelne Menschengeschick jedoch haben wir neben diesen vielen Möglichkeiten einen besonderen Anfang. Den nämlich, der sich aus der Geburt des Menschen ergibt, denn von diesem besitzen wir meistens die Kenntnis. Mit der Zeit jedoch treten zu diesem ersten Beginn im Laufe der

Jahre noch viele andere Beziehungen hinzu. Es bleibt jedoch das Ausschlaggebende die Geburt, da aus ihr sowohl der Mensch selbst, wie auch alle übrigen neuen Wendungen seines späteren Lebens zu folgern sind. Denn es verhält sich folgendermaßen: Auf Grund der Geburt beurteilt man im allgemeinen die Anlagen und Eigenschaften des Körpers. Auf Grund der übrigen Wendungen[1]) erfolgen mit der Zeit die Ereignisse, je nachdem mehr oder weniger und je nach der Art des Alters — zeitlich gemesen an der Zahl der Grade.

Der Beginn des werdenden Menschen ist natürlicherweise entweder der Augenblick, da er empfangen wird, oder aber noch vorzüglicher der, da ihn die Macht der Natur den Mutterleib verlassen heißt. In Fällen, wo die Zeit der Empfängnis festgestellt zu werden vermag, sei es durch das Ereignis selbst oder durch Beobachtung, ist es vorteilhaft, die Stellung der Gestirne, wie sie zu dieser Zeit bestand, zu Rate zu ziehen, um die Qualität des Körpers und der Seele beurteilen zu können. Wenn nun aber auch der Samen anfänglich infolge des Eindringens der himmlischen Einflüsse die ursprüngliche Ursache jeder menschlichen Anlage ist, und erst allmählich, während der Körper sich bildet, weitere Anlagen hinzutreten,

[1]) Infolge der täglichen Bewegung des Himmels, wodurch die Direktionen sich gestalten. (Der Uebersetzer.)

so bleibt dennoch, da der Same während des Wachstums aus den ihm zugeführten Stoffen nur dasjenige sich zufügt und annimmt, was seiner Natur gemäß ist und sich ihm anpaßt, die ursprüngliche eindeutige Struktur seiner Anlage bestehen.

Kennt man jedoch jene Zeit nicht, was wohl zumeist der Fall sein wird, so muß man als ersten Anfang des Lebens die Geburt ansehen. Denn dieser Augenblick ist einmal der bedeutungsvollste des Lebens, und er unterscheidet sich andererseits von dem ersteren (der Empfängnis) nur insofern, als man durch diesen zu erkennen vermag, was der Geburt vorausgehen wird. Zwar ist man berechtigt, die Empfängnis einen unvollkommenen Anfang zu nennen, doch ist der Austritt aus dem Mutterleib als der hauptsächlichste Beginn des Lebens anzusehen, wenn auch der Zeit nach später als die Empfängnis, so doch an Bedeutung und Macht von gleichem Werte und noch überragender. Und nicht unrecht darf die Empfängnis die Geburt des Samens genannt werden, wohingegen der Austritt aus dem Mutterleibe die Geburt des Menschen ist. Denn viele Möglichkeiten erlangt mit diesem Augenblick das Neugeborene, welche ihm vorher im Mutterleibe mangelten, so gewisse selbständige Eigenheiten menschlicher Natur, als die Tätigkeit der Sinnes werkzeuge und die körperlich freie Bewegung.

Wenngleich also der Stand des Himmels bei der Geburt scheinbar nicht die ursprüngliche Natur begründet, so ist dieses trotzdem der Fall, da nämlich die Geburt nur erfolgt, nachdem in Harmonie mit der Bewegung des Himmels und in Uebereinstimmung mit seiner Tätigkeit die menschliche Frucht ihre Reife erlangt hat.

Denn die Natur veranlaßt, sobald die Frucht des Mutterleibes gereift ist, ihre Geburt unter einem solchen Stande der himmlischen Gestirne, welcher ihrer Veranlagung und der Art, die bei der Empfängnis sich gestaltet hatte, durchaus entspricht. Daher wird der Stand des Himmels bei der Geburt die gleiche Anlage anzeigen, nicht weil er eine demgemäße Beschaffenheit bewirkt, sondern weil er sozusagen auf den gleichen Ton wie die ursprüngliche Anlage gestimmt ist, und ähnliche Kräfte in sich birgt.

Da ich also beabsichtigte, mich auch über diesen Teil kurz zu verbreiten, in der Reihenfolge, die ich von Anfang an beobachtet habe, unter dem Gesichtspunkte, was dabei vorauszusagen möglich ist, müssen wir nun jedoch jener Art ausweichen, welche alle nur möglichen Verbindungen der Gestirne heranzieht, da diese Art zu große Verwirrungen mit sich brächte, und es fast ohne Ende erscheint, wollte jemand auf jeden kleinsten Einfluß und die Mutmaßungen aus solchen Einzelheiten mehr Wert legen, als auf die allgemeinen Lehrsätze. Da infolgedessen eine solche Art der Untersuchung fast unendlich sein würde und daneben außerordentlich schwierig, wollen wir sie übergehen. Dafür aber werde ich die Hauptregeln heranziehen, aus denen die Vorhersagungen spezieller Einflüsse abgeleitet werden konnten, und werde die hervorragendsten ursprünglichen Eigenschaften, soviel ich von ihnen zu finden vermag, festlegen und verständig der Logik der Natur anzupassen suchen. Auch werde ich das jeweilige Haus des Himmels, aus welchem die Ereignisse des menschlichen Lebens herrührend betrachtet werden müssen, als Ziel setzen, auf welches die ursprünglichen Eigenschaften, je nach ihrer Aehnlichkeit ursächlich bezogen werden und hingerichtet sein müssen, gerade so, wie man einen Pfeil lenkt.

Alles übrige, was beurteilt werden könnte, wenn die Verbindung vieler Gestirne in Betracht gezogen würde, überlassen wir getrost der Weisheit des geübten Meisters dieser Kunst, gleichsam wie verlorene Pfeile.

Vor allem aber möchte ich von den allgemeinen Einflüssen, welche bei der Geburt ins Auge zu fassen sind, bei jeweils passender Gelegenheit sprechen, da letzten Endes alles aus der Geburt erkannt werden kann, was auf natürlicher Grundlage beruht. Nützlich ist es jedenfalls, auch die Zeit der Empfängnis zu kennen, um die Art der Anlagen auch aus der Empfängnis folgern zu können, sofern jemand an einer sorgfältigen Untersuchung Freude hat.

## Vom Grade des aufsteigenden Zeichens.

Sehr oft nun herrschen Zweifel bezüglich des ersten und wichtigsten Teils, welche naturgemäß die Stunde der Geburt ist, denn wie ein Blick auf das Astrolabium allein nicht die Minute der Geburt zu erweisen vermag, so täuschen auch die übrigen Hilfsmittel, die den Zweck haben, die Stunde anzugeben, von denen verschiedene im Gebrauch sind, sehr oft. Sonnenuhren versagen, wofern sie nicht richtig aufgestellt sind, oder weil ihr Zeiger nicht genau rechtwinklig zur Meridianlinie abgepaßt steht. Wasseruhren sind ebenfalls nicht immer zuverlässig, infolge der natürlichen Veränderungen des Wassers. Und diese Veränderungen resultieren aus verschiedensten Ursachen. Zuweilen werden sie gänzlich in ihrem Gange gehemmt und bleiben stehen. Wir sehen, daß es also notwendig ist, nach einer Art zu suchen, welche zuverlässig den aufsteigenden Grad des Tierkreises zu finden ermöglicht, und die sowohl den natürlichen Möglichkeiten als auch den Forderungen der gesunden Vernunft entspricht.

Ist daher die Stunde der Geburt festgelegt, gefunden durch das tägliche Aufgehen der Sonne und der Gestirne, so suche nach der nächstvorhergegangenen Konjunktion oder Opposition der Lichter. Und suche auf das sorgfältigste den Grad des Zodiaks, in welchem entweder die Konjunktion oder die Opposition desjenigen Lichtes stattgefunden hatte, welches zur Zeit der Geburt über der Erde sich befand. Ferner ist festzustellen, welcher Planet der Beherrscher eben dieses Grades ist, gemäß jenen Bestimmungen, welche wir uns an früheren Stellen vergegenwärtigt haben, nämlich gemäß der Triplizitäten, Häuser, Erhöhung, Grenzen, der Bestrahlung oder Zusammenstirnung. Das heißt also, wie weit jener Grad einer oder mehreren Bestimmungen in dieser Beziehung unterliegt, auf Grund deren ihm der Beherrscher zugeordnet wird. Wenn wir daher einen bestimmten Planeten finden, der jenem Grade verwandt ist, auf Grund einer oder auch mehrerer Bestimmungen, so ist weiter danach zu suchen, welchen Grad des Tierkreises dieser Planet zur Zeit der Geburt innehatte; der wievielte Grad nun dieser in dem Tierkreiszeichen des betreffenden Planeten ist, danach können wir bestimmen, daß der gleiche Grad des aufsteigenden Tierkreiszeichens bei der Geburt im Horizont sich befand. Kommen jedoch zwei oder mehrere Planeten dafür in Betracht, so ist jener zu nehmen, dessen Grad zur Zeit der Geburt sich am meisten dem des aufsteigenden Zeichens genähert hatte, und diese Planeten-Gradzahl wird als aufsteigend festgelegt.

Befanden sich jedoch zwei oder mehrere Planeten in gleicher Nähe, so wählen wir den, der durch seine Umstände und Bedingungen dem Zeichen des Aszendenten seiner Art nach verwandter ist. Wenn nun aber die Distanz der Grade des beherrschenden Planeten vom aufgehenden Punkte des Horizontes größer ist, als seine Entfernung vom Medium Coelum, so verfahren wir derart, daß wir durch seine Zahl das Medium Coelum bestimmen. Haben wir diese Festlegungen vorgenommen, so vermögen wir dadurch auch die übrigen Hauptpunkte zu verbessern.

## Die Einteilung der Grundlehren über die Nativitäten.

Wenn jemand nach diesen Darlegungen die gesamte Lehre über die Untersuchung der Nativitäten in eine Einteilung bringen möchte, muß er zu finden trachten, was an Vorschriften überliefert wurde bezüglich der Zufälligkeiten, die gemäß der natürlichen Folge eintreffen können, und vorauserkannt zu werden vermögen, sowohl die Ereignisse vor der Geburt, wie alles, was sich auf die Eltern bezieht, wie diejenigen sowohl vor und nach derselben, wie das, was sich hinsichtlich der Geschwister erkennen läßt, oder alles, was sich bezüglich der eigenen Geburt feststellen läßt, — doch ist die Betrachtung in dieser Hinsicht nicht eindeutig und einfach, — oder schließlich alles das, was nach der Geburt erfolgen muß, — diese Beziehungen sind jedoch mehr als vielgestaltig. — Bezüglich dessen, was bei der Geburt angezeigt ist, kommt vor allem das Geschlecht des Kindes in Betracht, oder ob es Zwillinge oder Drillinge sind, die geboren werden, ob das Kind eine Mißgeburt ist oder gesund. Darauf folgen die Fragen über das künftige Geschick, so die Dauer und die Spanne des Lebens, und ob, sofern die Frage von vornherein gesondert untersucht wird, das Neugeborene auch aufgezogen zu werden vermag. Weiter untersucht man die Einflüsse nach der Gestalt, den Krankheiten und möglichen Körperverletzungen, den Anlagen und Neigungen der Seele, darauf die Familienverhältnisse, Rang und Stellung, Eifer und Tüchtigkeit, Heirat, Kinder, Freunde, Aufenthalt und Reisen in fremde Länder. Die letzte Frage ist die nach der Art des Todes, und die gleichnaheliegende, die nach der Lebensdauer. Dieses pflegt man jedoch erst nach Beantwortung der anderen Fragen mitzuteilen.

Ich möchte darüber nur kurz mich auslassen, und nur die nackten Wirkungen feststellen, und alles übergehen, was nicht eine bewährte natürliche Grundlage hat, und von vielen ausgefallenerweise auf das sorgfältigste untersucht wird, und ebensowenig die Untersuchungen heranziehen, die wiederum nur Teile von Wichtigerem und für sich allein ohne Sinn sind. Sondern ich werde alle diejenigen anführen, deren Zuverlässigkeit durch die Gestirnstellungen und die Eigenart der himmlischen Orte erwiesen ist, und das sind die allgemeinen Regeln. Denn diese müssen stets sofort herangezogen werden, wenn jemand über die speziellen etwas lehren will.

## Der erste Grundsatz.

*Als Allererstes und Wichtigstes ist stets der Ort des Tierkreises, welcher in irgendeiner Beziehung etwas über die verschiedenen Lebensmöglichkeiten des Geborenen aussagen kann, zu untersuchen.* Wie zum Beispiel für das Ansehen der Stellung infolge der Tätigkeit das Medium Coelum zu befragen ist, bezüglich des Vaters, der Ort der Sonne betrachtet werden muß. Dann muß danach gesehen werden, welcher Planet die Herrschaft ausübt an jenem Ort, gemäß den 5 Bestimmungen, nach denen diese abgeschätzt wird. Sofern einer allein alle Bestimmungen für sich in Anspruch nehmen kann, wird diesem die Herrschaft zuerteilt werden, wenn jedoch mehrere Planeten dafür in Betracht kommen, wird derjenige, der den meisten Forderungen entspricht, vorgezogen.

Darauf müssen die beherrschenden Planeten und die Natur der Zeichen, in denen diese Planeten sich befinden, wie auch die ihres herrschenden Zeichens zu Rate gezogen werden. Denn die Kraft der Planeten wird um so größer, je stärker ihre Stellung ist, sowohl bezüglich ihrer Stellung im Weltenraum als auch im Hinblick auf den Ort, welchen sie in der betreffenden Nativität einnehmen. Denn ihre Kraft ist größer wenn sie, *in bezug auf ihre Stellung im Weltenraum,* im eigenen Zeichen und eigenem Ort stehen, wenn sie östlich und schnellen Laufes sind. Des ferneren besitzen sie größere Kraft, *bezüglich ihrer Stellung in der Nativität, wenn sie in Eckpunkten sich aufhalten,* als wenn sie in nachfolgenden Häusern sich befinden. Denn die stärksten und wichtigsten Orte sind der Aszendent und das Medium Coelum.

Schwächer jedoch sind sie, *ihrer Stellung im Weltenraume nach,* wenn sie sich in ihnen fremden und ihrer Natur nicht gemäßen Zeichen befinden, wenn sie westlich und in ihrem Laufe verlangsamt sind. Ebenso, *ihrer Stellung in der Nativität nach,* wenn sie in die fallenden Häuser eingetreten sind. Ferner ist, um die Zeit der Ereignisse festzustellen, notwendig darauf zu sehen, ob sie morgendlich oder abendlich zur Sonne oder zum Aszendenten stehen. Denn die Quadranten, welche der Sonne oder dem Aszendenten im Aufsteigen vorangehen und diesen in gerader Richtung gegenüber liegen, heißen morgendlich, alle übrigen und diesen nachfolgenden Orte rechnen zu den abendlichen. Und ob die Planeten in den Eckpunkten sich befinden oder durch die nachfolgenden Häuser gehen, denn sind sie morgendlich, oder stehen sie in Eckhäusern, so werden die von ihnen angezeigten Ereignisse früh eintreffen; abendlich aber oder in nachfolgenden Häusern haben sie langsame und späte Auswirkung.

## Ueber die Eltern.

Bei den hauptsächlichsten Untersuchungen, welche man bei besonderer Betrachtung gemeinhin ins Auge zu fassen hat, verfährt man nun folgendermaßen: Zuerst wollen wir damit beginnen, uns über den ersten Hauptpunkt, nämlich die Lehrsätze über die Eltern zu äußern. *Die Sonne und Saturn bezeichnen den Vater ihrer Natur nach, Mond und Venus die Mutter.* Die Beziehungen dieser Gestirne unter sich und zu anderen bezeichnen die äußeren

Verhältnisse der Eltern. Man schließt über deren Glück und Wohlergehen aus den Begleitern, welche die Lichter umgeben. Ein hervorragendes und mit Reichtümern erfülltes Leben wird ihnen angezeigt, wenn wohltätige Planeten die Lichter im gleichen Zeichen umgeben, oder in benachbarten, sofern diese ähnlicher Art sind, wie die Natur der Lichter, und vorzüglich, wenn sie der Sonne nahe und morgendlich, oder dem Monde nahe und abendlich sind, glücklich stehen und in ihrer Wirkung nicht gehindert werden. Wenn aber *Saturn* und *Venus* östlich stehen, in entsprechender Bestrahlung oder im Eckhause, so verkünden sie beiden Eltern ein offenbares Glück, gemäß ihrer eigentümlichen Beeinflussung.

Wenn aber die Lichter nicht mit anderen Planeten in Verbindung stehen noch irgendwelche Begleiter haben, so verkünden sie niedrige und unrühmliche Eltern, ganz besonders, wenn Venus und Saturn unglücklich gestellt sind.

Haben sie aber Begleiter, nicht von der gleichen Natur wie sie selbst, wie wenn *Mars* beispielsweise *hinter* der *Sonne* heraufsteigt, oder *Saturn nach* dem *Monde*, oder wenn die Wohltäter und die Gestirne, welche infolge ihrer Verhältnisse eine den Wohltätern ähnliche Wirkung zeitigen, nicht gut plaziert sind, so sind sie ein Kennzeichen dafür, daß das Leben der Eltern mittelmäßig und wechselvoll ist. Wenn hinwiederum der Glückspunkt, über den ich später sprechen will, sich mit den Gestirnen in der Wirkung vereinigt, welche als Begleiter Sonne oder Venus umgeben, so erhalten sie das Erbteil der Eltern unverletzt. Wenn es aber nicht also, oder gar entgegengesetzt sich verhält, oder gar keine Begleiter vorhanden sind, oder die Begleiter sind Uebeltäter, dann wird das väterliche Erbteil der Eltern keinen Vorteil bringen, wenn nicht gar ihnen zum Schaden ausschlagen.

Auch über das Alter der Eltern kann aus der Stellung der Gestirne ein Urteil gefällt werden.

Wenn nämlich *Jupiter* und *Venus* sich glücklich anschauen und gleichzeitig im Aspekt mit *Sonne* oder *Saturn* sind, oder *Saturn* blickt die *Sonne* glücklich an, sei es, daß er mit ihr verbunden ist, oder im Sextilschein oder Trigon zu ihr steht, wobei sie nicht an unglücklichen Orten stehen dürfen, so darf vermutet werden, daß der Eltern Leben höchstwahrscheinlich ein langes sein wird. Schlecht ist es dagegen, wenn sie schwach stehen und an unglücklichen Orten erniedrigt sind. Und dennoch werden die Eltern verhältnismäßig nicht schnell sterben.

Wenn aber ein ungünstiges Verhältnis zwischen diesen Planeten besteht und *Mars* erhebt sich über die *Sonne* oder *Saturn*, oder folgt ihnen kurz im Aufstieg, oder *Saturn* harmoniert nicht mit der Sonne, sondern wird von ihr aus der Opposition oder im Quadratschein aspektiert, und sie stehen im fallenden Hause, so zeigen sie Eltern von schwacher gebrechlicher Gesundheit an.

Stehen sie dabei jedoch in Eckpunkten oder den nachfolgenden Häusern, so künden sie den Eltern kurzes Leben oder bestimmte Krankheitsfälle. Ganz kurz wird das Leben der Eltern sein, wenn sie solchermaßen in den ersten Winkeln, also im Aszendenten oder dem Medium Coelum, oder auch in den diesen nachfolgenden Häusern sich befinden.

Denn *Mars*, die Sonne auf erwähnte Weise anblickend, tötet die Eltern schnell, oder aber er beschädigt sie an den Augen. Blickt er aber Saturn an, so stürzt er sie in den Tod, in faule Fieber oder in Körperverstümmelung durch Verletzung oder Brandwunden. Blickt nun *Saturn* die Sonne unglücklich an, so führt er den Tod des *Vaters* entweder durch Krankheit oder durch Ansammlung schlechter Säfte herbei.

Was die *Mutter* betrifft, so wird diese lange leben, wenn *Jupiter* den Mond oder die Venus, gleich auf welche Weise, anblickt, oder *Venus* bestrahlt den Mond im Sextil oder Trigonaspekt, oder steht in Konjunktion mit ihr, und sie stehen dabei an glücklichen Orten. Wenn aber *Mars* den Mond oder Venus aspektiert, und sie ziehen hinter ihm her in der Tagesbewegung und er beschädigt sie durch Quadratanblick oder aus der Opposition, oder *Saturn* greift solchermaßen den Mond allein an, zu einer Zeit, wo sie langsamen Laufes sind, oder sich in fallenden Häusern befinden, so lassen sie eine so beeinflußte Mutter in Krankheiten und Körperschwäche fallen. Sind sie dagegen schnellen Laufes, oder in Eckhäusern, künden sie den Müttern ein kurzes Leben oder setzen sie dem Unglück oder bedenklichen Krankheiten aus. Auch dann führen sie ein kurzes Leben herbei, wenn sie östlich oder in nachfolgenden Häusern stehen, bedenkliche und gefährliche Krankheiten dagegen, wenn sie westlich stehen. Wenn hingegen der *östlich* stehende *Mars* den Mond anblickt, kündet er der Mutter plötzliche überraschende Krankheiten und Verletzungen im Antlitz. Der *westlich* gestellte Mars im Anblick mit dem Mond führt den Tod infolge Frühgeburt und Aehnlichem herbei, durch Zerreißung des Organismus und Brandwunden. Steht er dagegen mit der Venus im Aspekt, so bringt er tödliche Fieber, Krankheiten, die aus verborgenen Ursachen herrühren, Trübsal, Gram und einen leidenden Zustand.

Blickt *Saturn* den Mond an, so zeigt er Krankheiten und Tod an. Steht dabei der Mond östlich, deutet das auf faule Fieber; der westliche Mond dagegen weist auf Krankheiten des Mutterschoßes und schwächende Blutungen.

Für die Vorherbestimmung weiterer Einzelheiten der Krankheiten ist es notwendig, auch die Qualität der Zeichen heranzuziehen, in denen die Krankheit verursachenden Planeten sich befinden, was man jedoch in der Nativität der Mutter selbst zweckmäßiger und vorteilhafter untersucht. Im übrigen ist bei Tage mehr auf Sonne und Venus, bei Nacht hingegen mehr auf Saturn und den Mond zu achten.

Schließlich wird das Haus, das den Vater oder die Mutter bezeichnet, zum Aszendenten gemacht, und das Horoskop beurteilt, als wäre es das der Eltern, Haus für Haus unter den entsprechenden Bedeutungen.

Im übrigen muß hier wie überall die Regel beobachtet werden über die Wirkung, die für die Vermischung der verschiedenen Planeteneinflüsse festgelegt wurde. Befinden sich mehr Planeten im betreffenden Hause und sind sie verschiedener Natur, so muß festgestellt werden, wessen Kraft die meisten Würden hat, ist die Zahl der Würden bei beiden Planeten gleich, so schließen wir auf den gemischten Einflüssen entsprechende Anlagen.

Wo jedoch Unterschiede vorhanden sind, ordnen wir den einzelnen Einflüssen verschiedene Zeiten der Auswirkung zu, den morgendlichen Planeten frühere, den abendlichen spätere

Einflüsse im Leben. Erforderlich ist jedoch, daß die Gestirne von vornherein in Uebereinstimmung stehen mit dem Hause oder Orte, die die Bedeuter sind. Das Gestirn, welches von Grund auf nicht mit diesem Orte übereinstimmt, kommt nicht in Betracht. Zu welcher Zeit das Eintreffen eines Ereignisses erwartet werden darf, ersehen wir auch nicht allein aus dem Signifikator, sondern auch aus seiner Stellung zur Sonne und mit Hilfe der Eckhäuser.[2])

## Von den Geschwistern.

Aus welchem Orte die Voraussagungen über die Eltern geschöpft werden, wurde somit gesagt. Ueber die Geschwister nun, sofern eine allgemeine Untersuchung genügt, die nicht über die Möglichkeiten einer Nativität hinausgeht, genau die Anzahl der Geschwister erforscht werden soll, und ein Urteil nach natürlicher Logik über die Geschwister und die Kinder derselben Mutter gewünscht wird, schöpft man das Urteil *aus dem Zeichen des M. C. und dem mütterlichen Orte, d. h. bei Tag nimmt man die Venus, bei Nacht den Mond für die Untersuchung.* Während nämlich diese beiden Zeichen die

[2]) gemeint sind Direktionen. (Der Uebersetzer.)

Mutter und ihre Kinder bezeichnen, stehen sie folglich auch für die Geschwister. Blicken nun Wohltäter einen solchen Ort an, so dürfen wir viele Geschwister voraussagen, wobei wir unsere Voraussage sowohl von der Anzahl der Gestirne abhängig machen, als auch von dem Zeichen, denn es ist von Bedeutung, ob es ein einfaches oder doppelkörperliches Zeichen ist.

Befinden sich jedoch Uebeltäter in Elevation über diesem Orte oder stehen in Opposition zu ihm, so verkünden sie wenig Brüder. Auch ziehen wir noch die Sonne für die Beurteilung hinzu. Außerdem, wenn die Opposition in den Eckhäusern stattfindet, und besonders wenn dabei *Saturn* im Aszendenten steht, verkündet er den frühergeborenen, steht jedoch *Mars* dort, den jüngeren Geschwistern den Tod.

Wenn weiter die Geschwister schenkenden Planeten bezüglich ihrer Stellung in der Ekliptik in guten Verhältnissen sich befinden, so werden diese an Gestalt und Ruf hervorragende sein. Ist jedoch das Gegenteil der Fall, so geben sie armselige und unbedeutende Geschwister. Uebeltäter ferner in Elevation über den Gestirnen der Geschwister, oder ihnen folgend, ergeben schwächliche Brüder, sofern die Uebeltäter ihrer Stellung nach männlich, und lebensschwache Schwestern, wenn sie weiblich sind. Die, welche im Aufgehen begriffen, zeigen solche unter den Aelteren, die untergehenden hingegen unter den Jüngeren an. Außerdem bezeichnen Wohltäter, wenn sie das Haus, das die Brüder beherrscht, wohltätig anblicken, Eintracht unter den Geschwistern. Wenn die Bestrahlung des Glückspunktes damit übereinstimmt, so bezeichnet das ein gemeinsames Wirken der Brüder. Wenn die Gestirne jedoch durch keine Aspekte miteinander verbunden sind, oder aber sich in Opposition befinden, verkünden sie gegenseitige Abneigung, Mißgunst und hauptsächlich Betrug untereinander.

Möchte jemand außerdem irgendwelche Einzelheiten besonders sorgfältig untersuchen, so mag er das Geschwistergestirn als Aszendenten setzen und die Untersuchung, nachdem er auf diesen Aszendenten die Nativität errichtet hat, wie gewöhnlich führen.

## Ueber das Geschlecht des Kindes.

Wenn wir gemäß der Reihenfolge unserer Betrachtung die Regeln über die Harmonie und die Art der Geschwister angeführt haben, gehen wir zu den noch übrigen Momenten über. Zuvörderst ziehe ich kurz die Regeln über Knaben und Mädchen heran.

Man schöpft das Urteil in dieser Beziehung jedoch nicht aus einer Ursache allein, sondern urteilt *nach beiden Lichtern, nach dem ersten Hause und den Gestirnen, welche diesem der Art nach verwandt sind,* was in der Figur der Empfängnis in die Augen fallend, in der Geburtsnativität allerdings nicht so evident hervortritt.

Im allgemeinen muß darauf geachtet werden, ob die 3 bezeichneten Orte, der der Sonne, des Mondes und des Aszendenten bzw. ihre Beherrscher, sei es nun in der Mehrzahl oder sämtlich, männlichen oder weiblichen Charakters sind. Danach ist das Urteil zu fällen. Sind sie aber verschiedenen Charakters, worüber ich schon anläßlich der ersten Elemente unserer Wissenschaft gesprochen habe, so ist die männliche oder weibliche Art aus der Natur der Zeichen, oder der der Planeten wie auch aus ihrer mundanen Stellung festzulegen.

Die im Aufgange begriffenen rechnen zu den männlichen, die untergehenden zu den weiblichen. Außerdem, die der Sonne im mundanen Lauf vorausgehenden sind ebenfalls männlich, die ihr folgenden weiblich. Nach diesen Einzelheiten muß sich die Vorhersage richten, und erkennen, welche Gestirne die meiste Kraft für die Bestimmung des beiderseitigen Geschlechtes haben.

## Ueber Zwillinge.

Und sofern Zwillinge oder noch mehr Kinder geboren werden, müssen auf die gleiche Weise ebenfalls *beide Lichter und das erste Haus betrachtet werden*. Es werden aber dann Zwillinge oder Drillinge geboren, wenn sich an den zwei oder drei angegebenen Orten Zeichen doppelkörperlicher Art befinden, und ganz besonders, wenn auch die Beherrscher der Planeten den gleichen Ort aspektieren, oder zwei in doppelkörperlichen Zeichen stehen, oder zwei oder noch mehrere durch Konjunktion verbunden sind. Wenn an den bezeichneten Orten doppelkörperliche Zeichen sich befinden, und mehrere Planeten aspektieren das Haus oder die Signifikatoren, dann werden mehr als zwei Kinder zur selben Zeit geboren. Ihre Anzahl aber schließen wir nach dem beherrschenden Planeten, nachdem wir sein Zahlenverhältnis festgestellt haben, das Geschlecht hingegen nach den Planeten, welche Sonne, Mond oder das erste Haus aspektieren, wobei vorher berührt wurde, in welchem Falle sie männliche oder weibliche Kinder bezeichnen.

Fehlen nun aber bei einer solchen Anlage Aspekte der Gestirne auf den Aszendenten, so erzeugt eine solche Anlage bei der Mutter gewöhnlich doch Zwillinge, oder noch eine größere Anzahl. Und eigentümlicherweise erzeugen *Saturn, Jupiter* und *Mars* in doppelkörperlichen Zeichen in besagtem Verhältnis männliche Kinder, das Geschlecht der Drillinge; Venus, Mond und ein weiblicher Merkur das Geschlecht der Grazien, nämlich 3 weibliche; zwei männliche und ein weibliches Kind, welches der Verbindung Castors, Pollux' und der Helena entspricht, bringen *Saturn, Jupiter* und *Venus* hervor; zwei weibliche und ein männliches jedoch Venus, Mond und Mars, das ist die Vereinigung der Ceres, Prosorpina und Bachus.

Aber meistens werden diese Kinder vor der Reife ausgestoßen und oft haben sie unnatürliche Bildung der Glieder. Und ebenso werden sie auf ungewöhnliche Art zur Welt gebracht infolge des Zusammentreffens solcher Eigenheiten.

## Von Mißbildungen.

Es gibt keine von den früheren Ausführungen abweichende Regel bezüglich dieser. Zuvörderst wird man die Planeten rückläufig finden und in keinem Aspekt mit dem Aszendenten, und die Eckhäuser besetzt durch Uebeltäter. Wo jedoch eine solche Anlage sich darbietet, wie es oft geschieht in Nativitäten, die von unglücklichen und armseligen Verhältnissen zeugen, so daß Mißgeburten in ihnen keine Besonderheit darstellen, so soll die vorhergegangene Konjunktion oder Opposition[3]) betrachtet werden, ebenso ihre Herren und die Beherrscher der Nativität. Sofern nämlich der Gebieter der Nativität und Mond und Aszendent oder noch weitere Gestirne, die für die Kinder in Betracht kommen, gar keine Verwandtschaft mit dem Herrn der voraufgegangenen Konjunktion, oder dem der Opposition haben, so wird ein seltsames Kind oder eine Mißbildung geboren.

Wenn bei solchen Verhältnissen die Lichter sich in Tierzeichen, und die beiden Uebeltäter in Eckhäusern sich befinden, so wird das Geborene keine menschliche Gesinnung besitzen. Und wenn kein Wohltäter die Menschen schützt, dagegen ein Uebeltäter sie angreift, wird das Kind geradezu entsetzlich sein, von ungezügelter Natur, und den Trieb zum Verbrechen in sich tragen. Wenn aber *Jupiter* und *Venus* Aspekte werfen, so wird dem Kinde durch verwirrte Empfindung ein außergewöhnliches Wesen aufgeprägt, und es wird sich später wie

[3]) Unter *Konjunktion* oder *Opposition*, wenn keine weiteren Planeten dabei bezeichnet sind, versteht Ptolemaeus stets die zwischen Sonne und Mond.

(Der Uebersetzer.)

ein Hund oder eine Katze oder wie ein Affe gebärden. Wirlt *Merkur* diesen Aspekt, so wird das Geborene die Natur solcher Tiere nachahmen, welche im Leben Umgang mit den Menschen haben, wie der Vögel, Schweine, Ziegen oder Rinder oder anderer dieser Art. Wenn jedoch die Lichter in menschlichen ihren Stand haben, die übrigen Gestirne hingegen in keiner Verbindung oder Rezeption mit ihnen sich befinden, so werden Mißbildungen menschlicher Art geboren gemäß dem Charakter und der Bildung der Zeichen, in denen sich diejenigen Uebeltäter befinden, welche die Herren der Lichter sind, oder in denen sich die Eckhäuser befinden. Bestrahlt kein Wohltäter die bezüglichen Orte, so werden ausgesprochene Blödsinnige geboren oder Menschen mit widernatürlicher Körperbildung.

Wenn Jupiter oder Venus die Lichter aspektieren, so wird eine Mißbildung, jedoch von außerordentlich schöner Gestalt geboren, wie z. B. Hermaphrodit, oder aber ein Stotterer. Kommt dazu ein Aspekt von Merkur, so bezeichnet das einen Menschen mit Sehergabe und Menschen, die ihre Sehergabe zum Gelderwerb mißbrauchen. Merkur jedoch allein und unglücklich gestellt, läßt Taubstumme geboren werden, zuweilen auch gerissene und durchtriebene Schwindler.

## Ueber die Kinder, die nicht aufgezogen werden können, sondern bald ihr Leben wieder verlieren.

Wir kommen nun zur Betrachtung eines der Punkte, die bezüglich der Geburt selbst berücksichtigt werden müssen, nämlich die des Aufziehens, welchen wir vorteilhafter gesondert betrachten. Zuweilen zieht sich diese Frage nämlich zu derjenigen nach der Lebenslänge hinüber, weswegen unsere Betrachtung mit diesen beiden Fragen innige Verwandtschaft hat. Bisweilen jedoch müssen sie getrennt behandelt werden, wegen der Verschiedenheit der betreffenden Zeiträume, wie wir es hier auseinandersetzen. Fragen wir nämlich nach der Lebenslänge, so handelt es sich dabei, um die Kinder, von denen wir annehmen, daß sie auch kritische Zeiten überstehen werden; in diesem Falle handelt es sich um den Kreislauf der Jahre, die in Betracht kommen. Die Zeit jedoch, die schwächeren Kindern zugemessen ist, rechnet nach Monaten, Tagen und Stunden. Die Regel hingegen für die Kinder, deren Aufziehung vergeblich ist, bezieht sich auf die Säuglinge, die nicht einmal solche Zeiten erreichen, sondern infolge außergewöhnlichen Mißgeschicks auf der Stelle bald nach der Geburt sterben.

Die erstere Frage erfordert eine subtilere Untersuchung, für die letztere dagegen genügt eine allgemeinere.

Befindet sich nun also eines der Lichter in einem Eckhause und nahe bei ihm ein Uebeltäter, oder dieser befindet sich genau in der gleichen Entfernung von beiden Lichtern, so daß er mit den Lichtern zusammen ein Dreieck mit zwei exakt gleichen Seiten bildet, und es kommt kein Aspekt eines Wohltäters hinzu, während der Herr der Lichter im Hause der Uebeltäter sich befindet, so schlägt die Ernährung nicht an und das Kind stirbt bald.

Wird ein solches Dreieck mit den zwei genau gleichen Längenseiten zwischen den Lichtern und einem Uebeltäter jedoch nicht gebildet, sondern es folgen den Lichtern die Strahlen der beiden Uebeltäter und verletzen das eine oder gar beide Lichter, indem sie ihnen im Aufstiege auf der Ferse folgen oder in Opposition zu ihnen stehen, oder endlich wechselseitig ein Uebeltäter das entgegengesetzte Licht angreift, oder auch nur einer steht in Opposition zu einem Licht, während der andere dem Lichte kurz nachfolgt, so wird die Ernährung ebenfalls nichts nützen, weil die Stärke der Beschädigung sie wirkungslos sein läßt für die Erhaltung des Lebens, je nach der Art des dem Lichte folgenden Planeten.

Am meisten in dieser Beziehung schadet, der Sonne folgend, Mars, dem Monde folgend aber Saturn. Dagegen verletzt durch die Opposition oder in Elevation am meisten Saturn die Sonne, und Mars den Mond, besonders wenn sie die Zeichen der Lichter besetzen oder das des Geburtsgebieters. Befinden sich nun aber zwei Oppositionen im Horoskop, dergestalt, daß die Lichter sich in gegenüberliegenden Eckhäusern befinden, und jeder Uebeltäter das besprochene Dreieck mit den Lichtern bildet, sie selbst also ebenfalls in Opposition zueinander stehen, so wird das Kind entweder tot oder scheintot geboren.

Lösen sich dagegen die Lichter von der Konjunktion mit irgendeinem Wohltäter oder blicken sie irgendwie glücklich an, und senden ihre Aspekte nach Planeten oder Himmelsorten, die ihnen voraufgehen, aus, dann bleibt das Kind am Leben, und zwar so lange Zeit, wie der Anzahl der Grade zwischen dem Lebensverlängerer und dem nächsten Uebeltäter entspricht, das heißt so viele Jahre, Monate oder Tage, je nach der Art und den Kräften des Schadenstifters.

Weiter, wenn die Uebeltäter Aspekte werfen nach Himmelsstellen, die den Lichtern voraufgehen, die Wohltäter jedoch nach ihnen folgenden, so wird das Kind auch lebenskräftiger sein.

Hinwiederum die Uebeltäter in Elevation über den Wohltätern stehend, sind ein Zeichen des Schadens und der Gefahr. Sind dabei aber die Wohltäter stärker, so wird das Kind trotzdem am Leben bleiben, jedoch fremden Eltern übergeben werden.

Steht dabei der Wohltäter im Aufgange oder geht in einem Aspekt des Mondes (applicatio), während der Uebeltäter im Untergang sich befindet, so wird das Kind in der Pflege der eigenen Eltern aufwachsen.

Auf gleiche Weise wird geurteilt, wenn mehrere Kinder zugleich geboren werden. Befindet sich ein Licht, das Aspekte von anderen Planeten empfängt, im Untergang, so wird eine halbtote unvollkommene Frühgeburt zur Welt gebracht. Die Uebeltäter aber in Elevation über dem Lichte lassen entweder eine Totgeburt oder ein zum Leben zu schwaches Kind geboren werden, gemäß den vorher entwickelten Regeln.

## Ueber die Lebensdauer.

Nach der Untersuchung der Momente der Geburt wirft sich zuerst die Frage auf nach der Länge des Lebens. Denn schließlich wirkt es lächerlich, über die Charaktereigenschaft und die künftigen Taten eines Kindes etwas zu verkünden, wenn dieses nicht bis zu dem Alter gelangen wird, das die Voraussetzung der prophezeiten Handlungen ist. Diese Lehre ist nun aber weder einfach noch leicht, sondern setzt sich auf die verschiedenste Weise aus den einzelnen Aussagen der betreffenden Gestirne zusammen.

Die den natürlichen Verhältnissen am vernunftgemäßesten entsprechende Art ist die, welche ihre Schlüsse aus dem Lebensverlängerer und dessen Beherrscher und andererseits aus den Todeshäusern und Gestirnen zieht.

## Ueber die Lebensverlängerer.

Zuerst mag festgestellt werden, daß die Lebenshäuser, in welchen der Beherrscher über die Lebensdauer seinen Platz hat, sind: *Der Aszendent von 5 Graden oberhalb des Horizontes bis zu den übrigen 25 darunter*[1]*) und das elfte Haus, das den Namen Bonus genius, der wohltätige Schutzgeist, führt, und nach rechts hin mit dem Aszendenten im Mundansextil steht. Desgleichen das Medium Coelum, welches mit dem Aszendenten im Mundanquadrat steht. Ferner das neunte Haus dessen Name Deus, das Haus des Göttlichen ist, vom Aszendenten im Trigon entfernt. Zuletzt das dem Aszendenten gegenüberliegende siebente Haus.*

Der Kraft nach ist das ausschlaggebende

---

[1]) Das ist natürlich für die äquale Manier zu verstehen. (Der Uebersetzer.)

von diesen allen das Medium Coelum, darauf der Aszendent, dann folgt das elfte Haus, in der Reihenfolge dem M. C. folgend, diesem der Deszendent, das 7. Haus, und als letztes das neunte, welches der Zahlenfolge nach dem Medium Coelum vorangeht.

Denn alle Orte unter dem Horizont weisen wir als nicht tauglich zurück, was ihre Kraft in lebensverlängernder Beziehung anlangt, und gebrauchen nur die Planeten als von Nutzen die, über der Erde aufgegangen, herniederscheinen. Ja nicht einmal das Haus über der Erde, welches mit dem Aszendenten in keinem Aspekt steht, sondern geradezu Todeshaus genannt wird, können wir als dienlich gebrauchen; ebensowenig das 12. Haus, das Malus genius, der übelwollende Dämon genannt, weil es die Gestirne, die sich über den Horizont erhoben haben, getrübt wieder entläßt und ein fallendes Haus ist, während zugleich in dieses Haus die Erde ihre feuchten Dünste und dichten Nebel ausatmet, welche weder die Farbe noch die Größe der Gestirne erkennen lassen. Außerdem werden folgende vier Hauptstellen der Nativität als Lebensverlängerer gewählt, nämlich

Sonne, Mond, der Aszendent und das Glücksrad und deren Beherrscher.

## Ueber das Glücksrad.

Das Glücksrad gewinnt man aus der Anzahl der Grade zwischen Sonne und Mond, *sowohl bei Tag wie auch bei Nacht*, nämlich folgendermaßen: Um soviel Grade Sonne und Mond voneinander entfernt sind, so groß ist der Zwischenraum zwischen dem Aszendenten und dem Glücksrad, in der Folge der Zeichen abgemessen. Am Endpunkt dieses aus Sonne und Mond berechneten Bogens vom Aszendenten aus, in dem Grad des Zeichens, in das dieser fällt, befindet sich das Glücksrad. Anders ausgedrückt: Die Entfernung, die die Sonne zum Aszendenten hat, hat der Mond zum Glücksrad, und so wird das Glücksrad vom Mond ausgemessen. Dann muß noch darauf geachtet werden, welches Licht dem anderen beim Aufgange der Zeichen nachfolgt, folgt der Mond der Sonne beim Aufsteigen der Zeichen, so gewinnt man den Glückspunkt, indem man den Bogen zum Aszendenten zuzählt; geht jedoch der Mond der Sonne voran im Aufstieg der Tierkreiszeichen, so zieht man den Bogen zwischen ihnen vom Aszendenten ab.

Vielleicht auch ist die Notiz einer Aufzeichnung gleich wertvoll, die angibt, daß bei Nachtgeburten vom Mond zur Sonne gemessen werden und, im Gegensatz zur Taggeburt, der

Bogen vom Aszendenten abgezogen werden müsse. Dort liegt dann der Glückspunkt und durch diese Art der Berechnung wird sein Ort gefunden.

## Ueber die Anzahl der Lebensverlängerer.

*Bei einer Taggeburt wird die Sonne zuerst herangezogen,* sofern sie in lebensverlängernden Häusern steht. Steht sie nicht in solchen, so wählt man den Mond. Kann dieser jedoch auch nicht genommen werden, so wende dich an die Planeten, die das stärkste Anrecht auf die Herrschaft haben, sofern in einer ihrer Würden die Sonne, oder eine vorhergegangene Sonnen-Konjunktion mit dem Monde oder aber der Aszendent seinen Platz hat, das heißt, da wir fünf Arten der Würden haben, nimm denjenigen, welcher die Mehrzahl an Würden aufweist.

Kann jedoch auch diese Maßnahme nicht angewandt werden, so ziehe den Aszendenten heran.

*Bei einer Nachtgeburt wähle zuerst den Mond,* ist das nicht möglich, dann die Sonne[5]), verbietet das ihr Stand, so wende dich an die Planeten, die bezüglich der Herrschaft die

[5]) Das ist möglich bei einer Stellung der Sonne im ersten Hause oder einige Grade unter dem Deszendenten. (Der Uebersetzer.)

meisten Würden aufweisen, sofern nämlich der Mond in einer ihrer Würden steht, oder eine voraufgegangene Opposition mit der Sonne in diesen stattgefunden hat, oder wenn das Glücksrad darin sich aufhält. Ist jedoch kein diesbezüglicher Planet durch seine Stellung zum Hyleg geeignet, so nimm, wenn der Geburt kurz vorher eine Konjunktion voraufging, den Aszendenten; ging aber eine Opposition vorauf, so wähle das Glücksrad, oder wenn das nicht möglich ist, schließlich auch den Aszendenten. Befinden sich bei der Nachtgeburt jedoch beide Lichter und ein herrschender Planet in lebensverlängernden Häusern, so wähle dasjenige Gestirn von ihnen, dem die größte Kraft eignet. *Ein herrschender Planet aber wird in dem Falle* den Lichtern noch vorgezogen, wenn er durch seinen Stand an einem Orte seiner Würden das Uebergewicht hat, und dabei Anrecht auf die Herrschaft über die Lebensverlängerung nach unseren vorherigen Bestimmungen aufweist.

## Ueber die Arten der Lebensverlängerung.

Nachdem der Lebensverlängerer festgestellt ist, sind zwei Arten für die Bestimmung der Lebenslänge zu beachten. *Die eine, die sich nach der Reihenfolge der Zeichen richtet, die aspektarische genannt*[6]*), die angewandt wird, wenn der Lebensverlängerer sich in einem östlichen Hause befindet, d. h. in der Richtung vom M. C. zum Aszendenten, die zweite dagegen sowohl in der Reihenfolge der Zeichen als auch dagegen, im Sinne der täglichen Bewegung über dem Himmel,*[7]) *wenn nämlich der Lebensverlängerer vom M. C. dem Untergange zugeht.*

Die tötenden Grade, welche nach der Art im Sinne des täglichen Laufes über den Himmel gefunden werden, liegen am Deszendenten. Feindliche oder hilfreiche Gestirne, denen er auf seinem Laufe nach dem Untergang begegnet, ziehen je nach ihrer Art einige Jahre denen, welche der Verlängerer durch den Bogen bis zum Untergang bestimmt hat, ab oder legen sie ihnen zu. Aus diesem Grunde müssen wir sie uns nicht untergehend denken, wie sie auch nicht selbst auf den Lebensverlängerer zugehen, sondern der Lebensverlängerer ihnen zueilt. Und Wohltäter legen Jahre zu, Uebeltäter nehmen sie davon, während Merkur diejenigen unterstützt, mit denen er verbunden ist.

Bezüglich der Zahl der Jahre, von denen genommen oder die verlängert werden sollen, müssen wir den Grad der Ekliptik, in welchem der Hyleg sich aufhält, in Berechnung ziehen. So viele Grade seines Tagbogens nämlich diesem

[6]) Die sogenannte Sekundardirektion (D. Uebers.)
[7]) Die sogenannte Primardirektion (D. Uebers.)

Ekliptik-Grade entsprechen (bei Tag rechnet man nach Tagstunden, bei Nacht nach Nachtstunden) so groß ist die Anzahl der ursprünglichen Jahre. Wir berechnen dies aber in der Weise, als befände sich jener Grad im Aufgange.

Da er nun aber nicht im Aufgange steht, so wird der halbe Aufstiegsbogen im Verhältnis um so viel verkürzt, daß der Ueberschuß des Bogens auf der westlichen Seite gleich Null wird[8]).

Bei der Art nach dem Aufsteigen der Zeichen[9]) rechnen die Orte Saturns und des Mars zu den tötenden, sei es, daß die Planeten selbst dem Lebensverlängerer entgegenstehen, oder ihn im Quadrat oder aus der Opposition angreifen. Zuweilen ist selbst ihr Sextilaspekt, wenn er aus gehorchenden oder geistigen Zeichen kommt, von gleicher Wirkung. Von derselben Schwere ist ein Quadrataspekt auf den Platz des Lebensverlängerers bei der

---

[8]) Das heißt, es wird von dem halben Aufstiegsbogen des Planeten, ein solches Stück abgezogen, welches dem über dem Meridian auf die westliche Seite bis zum Hyleg hinausragenden entspricht, wodurch das Stück vom Planeten bis zum Deszendenten übrig bleibt, für das dann die entsprechende Zeit berechnet wird. Dabei nimmt Pt., wie wir nachher sehen werden, stets eine Umrechnung des Bogens in Zeit vor. (Der Uebersetzer.)

[9]) d. h. nach der 2. Art im Sinne der täglichen Bewegung, wenn der Verlängerer westlich steht.
(Der Uebersetzer.)

aspektarischen Art.[10]) Zuweilen tötet bei dieser Art ebenfalls das Sextil, wenn es durch zu langsame Aufsteigung beschädigt ist, als auch das Trigon, das infolge einer zu schnellen Aufsteigung in seiner guten Wirkung verletzt ist. Ist der Mond der Lebensverlängerer, kann selbst der Platz der Sonne tödlich wirken. Denn alle Planeten, die dem Lebensverlängerer feindlich sind, töten, während die, welche mit ihm harmonieren, sofern sie ihm zu Hilfe eilen, das Leben erhalten. Jedoch töten sie nicht immer, sondern nur dann, wenn sie selbst verletzt sind. Gehindert in ihrer verderblichen Wirkung werden sie bei ihrem Lauf durch die Gebiete der Wohltäter, oder wenn ein solcher sie im Trigon, oder Quadrat, oder aus der Opposition anschaut; ferner noch, wenn Jupiter dem Lebensvernichter in der Länge innerhalb zwölf Grade nahesteht, oder Venus innerhalb acht.

Stehen aber der Lebensverlängerer und der Lebensvernichter im selben Grade, haben hingegen nicht die gleiche Breite, während beiderseits Wohltäter oder Uebeltäter ihre Wirkung verstärken, so muß überlegt werden, auf welcher Seite die stärksten Helfer sich finden, je nach ihrer Zahl oder nach ihrer Kraft. Bezüglich der Zahl hat die Partei den Vorrang,

[10]) bei der der Lebensverlängerer östlich steht.
(Der Uebersetzer.)

für die sich die meisten zu ausgesprochener Wirkung vereinigt haben, bezüglich der Kraft, diejenige, bei der die mit ihr durch Aspekt verbundenen Gestirne entweder durch den Stand in eigenen Zeichen gestärkt werden, oder aber, wenn die Uebeltäter in fremden Zeichen geschwächt stehen. Die größte Kraft haben jedoch die Wohltäter in östlicher, die Uebeltäter in westlicher Stellung.

In allgemeinen darf endlich kein Planet in Betracht gezogen werden, der sich in den Strahlen der Sonne befindet, weder für die Verkürzung noch für die Verlängerung des Lebens, außer wenn etwa der Mond der Verlängerer und die Sonne der Zerstörer des Lebens ist. Diese gilt in solchem Falle als von dem Uebeltäter selbst verdorben, sofern nicht ein Wohltäter ihr beisteht oder das Uebel mildert.

## Ueber die Zahl der Lebensjahre.

*Die Anzahl der Lebensjahre berechnen wir aus der Distanz zwischen dem Orte des Lebensverlängerers und dem Zerstörer des Lebens,* jedoch das weder primitiv noch unbesonnen, wie es viele gehalten haben, aus irgendwelchen Aufsteigungen und wer weiß was für Graden. Das hat nur in solchem Falle einen Sinn, wo der Aszendent selbst der Lebensverlängerer ist, oder aber ein Planet gerade im Aufgang oder irgendein Gestirn oder Punkt kurz davor.

Diese eine Art der Berechnung, den natürlichen Verhältnissen entsprechend, ist bestimmt, festzustellen, um wieviele Grade des Aequinoktialzirkels[11]) das nachfolgende Gestirn, oder welcher Art der Lebensverlängerer auch immer sei, von dem voraufgehenden entfernt ist. Denn die Abschnitte des Aequators durchlaufen absolut gleichmäßig sowohl den Horizont als auch den Meridian, und mit ihnen können wir darum gültig die Entfernung feststellen. Allgemein rechnet man dann für einen Grad ein Lebensjahr.

Stehen der Lebensverlängerer und das Gestirn, auf welches er zuläuft, beide zugleich im östlichen Winkel, so errechnet man gemeinhin den Bogen des Aequators, welcher zusammen mit dem Stück des Zodiakbogens aufsteigt, das sich zwischen dem Lebensverlängerer und Zerstörer befindet, und so vielen Graden des Aequators entspricht, als den Aszendenten passieren, bis der Lebensvernichter an die Stelle des Hylegs, also bis zum Aszendenten, gelangt ist. Befindet sich der Lebensverlängerer jedoch am Meridian, so werden die Grade des Aequators, welche in der gleichen Zeit wie das verwandte Stück des Zodiakbogens den Meridian passieren, mit Hilfe der geraden Aufsteigung gewonnen. Bei

[11]) identisch mit dem *Aequator*. (Der Uebersetzer.)

seiner Stellung am Deszendenten aber müssen die Grade des Aequators berechnet werden, welche mit dem Distanzbogen zwischen Lebensverlängerer und Zerstörer untergehen, d. h. welche genau gegenüber aufgehen.

Wenn sich jedoch der Promissor nicht in einer dieser Winkelgegenden befindet, sondern an irgendeinem Ort dazwischen fällt, so führt man die Direktion weder mit der Aszensio noch Deszensio durch, auch nicht mit Hilfe der den Meridian passierenden Grade des Aequatorts, sondern auf eine gänzlich andere Art.

Zeitlich ähnlich sind sich nämlich bezüglich ihrer Stellung alle diejenigen Orte, die einen ähnlichen Platz einnehmen sowohl in ihren Verhältnissen gegen den Horizont als auch gegen den Meridian. Und das ist allein bei allen denen der Fall, welche auf einen gleichen Halbzirkel fallen, von der Art derer, die durch die gemeinsamen Schnittpunkte des Horizont- und des Meridiankreises geführt werden.[12]) Diese Halbzirkel weisen, wenn sie in einem gleichmäßigen Abstand voneinander gedacht sind, naturgemäß auch einen gleichen Zeitabstand voneinander auf. Und das in fortlaufender Beständigkeit bezüglich eines jeden von ihnen vom Horizont bis zum Meridian. Der Aequator wird in gleicher Weise von ihnen

[12]) Die sogen. circuli horarii des Placidus, unsere heutigen Positionskreise. (Der Uebersetzer.)

in gleiche Zeitabschnitte geteilt, während er gleichmäßig durch alle diese Schnittkreise läuft, wohingegen die Stücke des Zodiak sowohl ihre Lage ihnen gegenüber ändern, und in ungleichmäßigen Zeiten sie durchlaufen. Und dadurch würde der Lebensverlängerer, wo auf dem Zodiak auch immer er sich befinden mag bei seiner Stellung zwischen den Eckhäusern, nicht gleichmäßig sie passieren.

Wir müssen daher also einen Weg feststellen, der es ermöglicht, gleichgültig, ob sich der Lebensverlängerer in der Nähe des Aufgangs oder des Niedergangs befindet, ob er nahe dem Medium Coelum oder irgendwo sonst zwischen die Winkelgegenden fällt, die Zahl der Grade des Aequators, denen entlang der Lebensverlängerer zum Promissor geführt wird, verhältnismäßig zu erfassen. Haben wir nun den Grad des Medium Coelum und des Promissors wie des Signifikators festgestellt, so müssen wir zuerst darauf sehen, um wieviel Aufgangsstunden der Promissor vom Meridian absteht. Diese erhalten wir, wenn wir die geraden Aufsteigungen der Grade zwischen dem Planeten und dem Meridian über oder unter der Erde errechnen, und diesen Bogen in Abschnitte teilen, die immer einem der „ungleichen Stundenteile“ entsprechen, Tagstunden, wenn der Planet über der Erde steht, in Nachtstunden dagegen berechnen wir die Bogenteile, wenn er unterhalb der Erde seinen Platz hat. Da nun die Endpunkte aller Distanzbögen der Gestirne, die gleichgroße Stundenteile vom Meridian entfernt sind, auf einem gleichen unserer vorher berührten Hemizirkel endigen, so ist es erforderlich, zu ersehen, wieviel Aequatorgrade der Bogen des Gestirns, welcher auf den Meridian zuläuft, ausmacht, um die Zahl der Stunden daraus zu berechnen, die der voraufgehende Promissor vom Meridian entfernt ist.

Nun soll der nachfolgende Planet in den gleichen Abstand vom Meridian gebracht werden, wie der Promissor. Um dieses auszuführen ersehen wir wieder aus den Rektaszensionen, wieviel Aequatorgrade der nachfolgende Planet seiner ursprünglich wahren Stellung nach vom gleichen Meridian absteht, und wie große „ungleiche Stundenteile" den früher berechneten ungleichen Stundenteilen entsprechend diese ergeben. Endlich multiplizieren wir diese erstere Stundenzahl noch in die des nachfolgenden Planeten um (und nehmen Tagstunden, wenn der Ort, wo schließlich beide Planeten zusammentreffen in der Nähe des Medium Coelum sich befindet, Nachtstunden, wenn dieses am Imum Coelum geschieht); der Unterschied beider Distanzen ergibt dann die Anzahl der Jahre, nach denen gesucht wurde.[13])

[13]) Ich will den Berechnungsprozeß der Uebersichtlichkeit halber in uns gewohnten Ausdrücken darstellen:

## Beispiel.

Um unsere Ausführungen anschaulicher zu machen, sei beispielsweise der Ort des Promissors 0° Widder, der des nachfolgenden Signifikators 0° Zwillinge. Der Geburtsort in einer Gegend, in der der längste Tag 14 Stunden beträgt.[14]) Die Stundengröße, die dem Anfang der Zwillinge zukommt ist 17° 8'.[15]) Es möge

---

Ein Punkt des Aequators braucht zu seinem Aufstieg, vom Horizont bis zum Meridian genau sechs Stunden. Das sind die *„Aufgangs-Stunden"* des Ptolemaeus, die den wahren Sonnenstunden des Altertums entsprechen. Eine solche Stunde macht den sechsten Teil des Aufgangsbogens (also beim Aequartor 15°) aus. Auf dem Prinzip dieser natürlichen Sonnenstunden gründend, teilt Pt. den halben Tagbogen des Signifikators und Promissors in sechs gleiche Teile, die er die „ungleichen Stundenteile" nennt, multipliziert durch Proportion den Meridianabstand des Signifikators wie auch des dem Meridian am nächsten stehenden Promissors mit den gefundenen ungleichen Stundengrößen, um den Meridianabstand in Zeit zu erhalten, und multipliziert zuletzt den Stundenabstand des Promissors vom Meridian ebenfalls durch Proportion mit der Gradzahl des „ungleichen Stundenteiles" des Signifikators, um so den Punkt des Signifikatorsbogens, der dem Abstand des Promissors vom Meridian auf dessen Bogen entspricht, zu erhalten.

Die Differenz der sich ergebenden Grade ist der Direktionsbogen. (Der Uebersetzer.)

[14]) Das entspricht der Breite Alexandrias 31° 13, wo Ptolemaeus lebte. (Der Uebersetzer.)

[15]) Die Punkte der Tag- und Nachtgleiche 0° ♈ und

nun der Anfang des Widders im Aszendenten stehen, so daß die Himmelsmitte vom Beginn des Steinbocks eingenommen wird. Von der Himmelsmitte hat also der Anfang der Zwillinge einen Abstand von 147° 48′;[16]) da nun der Anfang des Widders 6 Aufgangsstunden von der Himmelsmitte absteht, so erhalten wir, wenn wir diese mit den 17° 8′ des ungleichen Stundenteiles von 0° Zwillinge verrechnen (denn diese Gradzahl entspricht einer Aufgangsstunde bei Annahme des Tages vom Anfang der Zwillinge an und unter Berücksichtigung der Distanz vom Anfang des Zeichens bis zur Himmelsmitte) 102° 48′[17]). Der Unterschied zwischen beiden

---

0° ♎ brauchen, da sie im Aequator liegen, genau 6 Aufgangsstunden, jede von einer Aequatorlänge von 15°. Hier ist der Aequator der Tagbogen des Gestirns. Je weiter die Grade des Zodiaks vorschreiten, d. h. je größer die Deklination wird, um so größer wird der Tag- oder Nachtbogen, also um so größer der Unterschied der Aufgangsstunden und Stundenteile auf diesem im Sinne des bestimmenden Planeten.

[16]) In Rektaszension. (Der Uebersetzer.)

[17]) D. h. der halbe Tagbogen vom 0° ♊ berechnet unter genannter Breite, ergibt nach unserer heutigen Kenntnis von der Breite Alexandrias, 31° 13′, allerdings genau 102° 52′. Wir können aus dieser geringen Minutendifferenz erkennen, mit welcher immerhin für seine Zeit ansehnlichen Genauigkeit Ptolemaeus die geographische Position zu bestimmen wußte.

(Der Uebersetzer.)

Bogen ist 45$^0$, und so viel genau legt der Signifikator bis zum Promissor zurück. So viel betragen aber gleichfalls die Grade der Aszensionen des Bogens Widder—Stier, nachdem der Signifikator bis zum Aszendenten gelangt ist.

Weiter setzen wir den Anfang des Widders in die Himmelsmitte, so daß seiner ursprünglichen Stellung nach der Anfang der Zwillinge eine Entfernung von der Himmelsmitte hat, die 58$^0$ beträgt in Rektaszension. Da nun, wie wir vorausgesetzt haben, der Promissor die Himmelsmitte einnimmt, so erhalten wir eben diesen Unterschied der erwähnten Distanz von 58$^0$, während welcher Zeit, unter der Annahme, daß der Promissor zuerst am kulminierenden Punkte sich befand, Widder und Stier durch den Meridian laufen.

Des ferneren liege der Anfang des Widders im Untergang, so daß in die Himmelsmitte der Anfang des Zeichens Krebs fällt. Es steht somit von der Himmelsmitte der Anfang der Zwillinge in Graden des Aequators gemessen 32$^0$ 12′ ab. Da nun weiter der Abstand des Widderanfangs vom Medium Coelum, da er sich am Deszendenten befindet, 6 Stundenteile beträgt, so erhalten wir wiederum, wie bei der ersten Multiplikation 102$^0$ 48′. Um so viel wird der Anfang der Zwillinge vom Meridian abstehen, wenn er selbst im Untergange sich befindet. Seiner ursprünglichen Stellung nach aber, von welcher aus er dorthin läuft, ist er vom Meridian 32° 12′ entfernt. In Graden gemessen läuft er also oberhalb der Erde bis zum Untergang 70° 36′, während welcher Zeit Widder und Stier den Untergang durchlaufen, und ihnen gegenüber Wage und Skorpion aufgehen.

Nun wollen wir den Anfang des Widders wieder vom Deszendenten fortführen und ihn an irgendeine Stelle zwischen die Eckhäuser versetzen. Als Beispiel habe er vom Meridian einen Abstand von 3 Aufgangsstunden, aber in dem Teil über den Meridian hinaus, also zwischen Meridian und Deszendenten, so daß also der kulminierende Punkt den 18° des Zeichens Stier einnimmt. Die Entfernung aber des Anfangs der Zwillinge von der Himmelsmitte auf der anderen Seite des Meridians beträgt dann in Rektaszension 13°. Vermehren wir nun die 3 Aufgangsstunden wieder mit den früheren 17° 8′, so wird die Entfernung des Anfangspunktes der Zwillinge, wenn er den Promissor erreicht haben wird, 51° 24′ betragen. Diese zu den 13° diesseits des Meridians zugezählt, ergibt 64° 24′. Also legte der Signifikator, während er zum Promissor hinaufstieg, 45° zurück, bei seinem Weg bis zum Medium Coelum 58°, während des Niedergehens 70°. Demgemäß wird auch je nach dem Orte, den wir ihm zwischen dem Medium Coelum und dem

Deszendenten zuweisen werden, die Anzahl der Grade von denen der beiden Winkelgegenden abweichen. Sie beträgt hier aber 64 Grade. Um so viel weicht logisch das Resultat dreier Stunden ab, und sofern die Abweichung bei der Distanz des ganzen Quadranten zwischen Medium Coelum und Deszendent gleich 12° ist, so macht sie dementsprechend im Verhältnis dreier Stunden also 6° aus.

Da wir uns nun in allen diesen Fällen fast der gleichen Rechnung bedienen, so können wir auch zu diesem Zwecke einen anderen, noch einfacheren Weg einschlagen. Wir können nämlich, wenn der Promissor im Aszendenten steht, die Entfernung bis zum nachfolgenden Planeten durch die Aszensionen berechnen, steht er im Deszendenten, durch die Deszensionen, und wenn er am kulminierenden Punkte sich befindet, ziehen wir für die Berechnung die Rektaszensionen heran. Hält er sich jedoch an irgendeiner Stelle zwischen ihnen auf, wie in unserem Beispiel der Anfang des Widders, so stellen wir zuerst die einer jeden der Winkelgegenden, zwischen denen er sich befindet, entsprechenden Zeiten fest, sofern er zwischen ihnen sich bewegt. Wir finden also, wenn wir den Anfang des Widder-Zeichens in die Mitte des Quadranten zwischen dem Medium Coelum und Deszendenten verlegen, die entsprechenden Grade wie gezeigt, in einer Höhe von 64°.

Bei der Stellung des Promissors in der Himmelsmitte ist das Resultat $58^0$, und steht er am Deszendenten, erhalten wir $70^0$. Nun ergründen wir, wieviel Aufgangsstunden der Promissor von jedem der beiden Winkel entfernt ist. Einen wie großen Teil diese nämlich von dem ersteren ganzen Aufgangsbogen, welcher 6 Stunden beträgt, ausmachen, um so viel von der Differenz, die wir aus dem Unterschiede der beiden Winkelgegenden gewonnen haben, vermehren oder vermindern wir das Resultat desjenigen Winkels, der dem Promissor am nächsten ist. Da, um bei unserem früheren Beispiel zu bleiben, der Unterschied unserer angenommenen Winkelgegenden $12^0$ beträgt, nämlich $70^0—58^0$, und der Promissor sich von jedem der beiden Winkel 3 Aufgangsstunden entfernt aufhält, welches genau die Hälfte der 6 Stunden ist, so teilen wir ebenfalls die Differenz zwischen den beiden Winkelzeiten, also $12^0$ im halben Verhältnis, und erhalten, wenn wir diese 6 gewonnenen Grade entweder den $58^0$ zufügen, oder von den $70^0$ abziehen, auch auf diese Art das Resultat von $64^0$. Stände er aber zwei Aufgangsstunden von einem Winkel ab, so müßte man die Differenz der Winkelentsprechungen, also $12^0$, da zwei Stunden der dritte Teil von sechs sind, gleichfalls durch drei teilen und das Produkt dann den $58^0$ zufügen, wenn die Distanz vom Medium Coelum genommen wurde, oder von den 70$^0$ abziehen, wenn der Abstand vom Deszendenten aus gerechnet wurde. So erhalten wir die seinem Stande entsprechende Gradzahl. Auf eine solche Weise also wird die Größe der Entfernung zwischen Lebensverlängerer und Vernichter allgemeingültig bestimmt.

Ferner werden wir auch bei jedem der genannten Aufgänge oder Niedergänge die Art der einzelnen Lebensvernichter oder Verursacher vorübergehender gefährlicher oder anderer Zeiten beurteilen müssen, angefangen von denen, welche in der kürzesten Zeit zur Auswirkung kommen — weil durch sie die auf- oder niedergehenden Planeten entweder beschädigt werden, oder Hilfe von Wohltätern auf die früher besprochene Weise erhalten, — um die Wirkung irgend eines aufsteigenden Planeten bestimmen zu können. Werden die Lebensvernichter beschädigt und stehen besonders an einer Stelle, durch die sie für die Jahre des Lebensausganges in Betracht kommen, so darf man Tod erwarten. Hilft jedoch einer von den Planeten, die das menschliche Leben unterstützen, so ist auf mächtige und gefährliche Ereignisse zu schließen, eilen beide zu Hilfe, auf Kränklichkeit und schadenbringende Zeiten oder Entkräftung. Die genaue Art der zukünftigen Ereignisse schließen wir aber sowohl auf Grund des Ortes der *Zusammenkunft* der beiden Planeten nach vollführter Direktion, als auch aus den Verhältnissen, ihrer ursprünglichen Stellung in der *Nativität* selbst. Es hindert jedoch nichts, daß, wo die beiden Planeten zuweilen nicht in Uebereinstimmung gebracht werden können, durch welche die Möglichkeit des Todes gegeben werden könnte, wir irgendwie schwere Ereignisse oder eine allgemeine Kraftlosigkeit vorausschließen dürfen, entweder auf Grund der Abschätzung der Art der aufsteigenden Planeten selbst, oder besonders durch die Wirkung derer, welche auf die zukünftigen Geschehnisse überhaupt den stärksten Einfluß ausüben, oder unter allen aufsteigenden die größte Kraft entfalten.

## Ueber die Gestalt und die Anlagen.

Nachdem wir die Abhandlung über die Lebensdauer erledigt haben, gehen wir nach unserer Reihenfolge zur eingehenden Erklärung der Gestalt und der Bildung des Körpers über, da die Natur früher durch die Bildung des Körpers ausgedrückt wird, als durch die Seele, und der Körper, welcher dichter ist, von Anfang an die entsprechenden Kennzeichen seiner Zusammensetzung aufweist, während die Seele erst nach einiger Zeit und nur undeutlich die ihr eingedrückten Kräfte erkennen läßt. Das Aeußere dagegen fällt im Laufe der Zeit besonders ins Auge.

*In Betracht gezogen werden muß dafür der Aszendent und die aufgehenden Planeten, wie auch diejenigen, welche den Aszendenten beherrschen durch ihre Würden und der Mond.* Denn die Gestalt des Körpers wird festgestellt aus der bildenden Kraft und der Eignung dieser Signifikatoren, die entweder eine schöne oder eine häßliche Art hervorgehen lassen, wie auch auf Grund der Beherrscher dieser Planeten und überdies aus den Tierkreiszeichen, in denen diese sich befinden. Bei der Beurteilung wird so vorgegangen, daß der überragende Einfluß den Beherrschern zuerteilt wird, danach wird ihnen die Wesensart der übrigen gleichsam als differenzierendes Wesen angefügt.

Zuvörderst also wird, sofern man auf eine einfache Weise vorgehen will, dieser Weg beschritten.

Von den Planeten bringt *Saturn,* wenn er östlich steht, Menschen von gelblicher Farbe hervor, von vollerer Gestalt, mit schwarzem gekräuselten Haar, großen Augen, mittlerer Statur, von feuchtkaltem Temperament; steht er westlich, Menschen mit dünnem Körper, dunkeler Hautfarbe, glattem und einfachem Haarwuchs, jedoch die übrigen Körperteile unbehaart, von mittlerem Verhältnis der Glieder, mit ins Schwärzliche gehenden Augen, und einem trockenen, kalten Temperament.

*Jupiter*, als Beherrscher in östlicher Stellung, verleiht eine weiße, glänzende Hautfarbe, schmückt mit einem mittelstarken, aber geschmackvoll gepflegten Haarwuchs, gibt ins Schwärzliche gehende und anmutige große Augen, eine mit einer gewissen Würde verbundene Schwere, außerdem ein reiches, feuchtwarmes Temperament. In westlicher Stellung begabt er ebenfalls mit einer weißen, jedoch nicht so gepflegten Hautfarbe, mit unbiegsamem starren Haar, oder er läßt entweder den Vorderkopf oder mit der Zeit den ganzen Kopf kahl werden und bringt ein überströmendes, feuchtes Temperament hervor.

*Mars* als Beherrscher und östlich gestellt läßt rauhe, kräftige Menschen geboren werden, mit hellrotschimmernder Farbe, stolze, biegsame Gestalten mit blauen Augen, einem Haarwuchs von mittlerer Stärke von reichem, hitzigtrockenem Temperament. Westlich stehend sehr rote Menschen von mittlerer Statur, mit glattem, unbehaartem Körper, langem Hals und rotblonden, starren Haaren von reichem, hitzigen Temperament.

*Venus* bewirkt eine ähnliche Körperanlage wie Jupiter nur noch um ein Gewisses schöner, anmutiger, mehr dem gepflegten, weiblichen sich nähernd, geschmackvoller, weicher und zarter, läßt alles mehr hervortreten, besonders aber verleiht sie Augen von einem gewissen bestechenden Liebreiz.

*Merkur* östlich gibt eine hellgelbe Hautfarbe, mittlere Größe, kein absonderliches Verhältnis der Glieder, kleine Augen, mittelmäßigen Haarwuchs, und reiches, lebhaftwarmes Temperament; westlich gelbe, dünne Gestalt, mit zartem Gliederbau, glänzende, ins Rote schimmernde, rundvorstehende Augen und ein reiches, trockenes Temperament. Diesen Zügen verleihen dann weitere besondere Merkmale die durch Aspekt mit ihm verbundenen Gestirne.

*Die Sonne* schmückt alle Anlagen auf das Prächtigste aus und festigt die Beschaffenheit des Körpers.

*Der Mond* dagegen mäßigt ganz allgemein alle Anlagen, macht sie zäher und gibt ein feuchtes Temperament, doch differenziert er von Fall zu Fall seine Wirkung, je nachdem er zu- oder abnimmt.

Ferner werden auch allgemein die größeren Gestirne, wenn sie früh vor der Sonne aufgehen, in Betracht gezogen; gehen sie als erste auf, so verursachen sie kräftige und robuste Körper, laufen sie auf bereits aufgegangene zu, Körper mit disharmonischer Veranlagung, gehen sie nach ihr auf, geben sie schwächere Körper, gehen sie jedoch unter, so geben sie Körper ohne jede Ansehnlichkeit, die große Gebrechen an sich tragen.

Ferner haben auch die Abschnitte des Zodiak Einfluß auf die Form des Körpers und das Temperament. Ganz allgemein macht nämlich der Quadrant vom Frühlingspunkt bis zum Solstitium Körper von gesunder Hautfarbe, wohlgeformten Verhältnissen, groß, fest, mit schönen Augen und einem warmfeuchten Temperament. Der zweite Quadrant vom Solstitium bis zur Herbstgleiche Körper von mittlerer Hautfarbe, von gerade rechter und vorteilhafter Größe, fest, mit ins Schwärzliche spielenden Augen, rauh, mit krausem Haar, und von heißem trockenen Temperament.

Der dritte Quadrant vom Herbstpunkt bis zur Wintersonnenwende macht rötliche, zierliche, dünne Menschen, mit mittelkräftigem Haarwuchs, reizenden Augen, mit lebhaftem, aber trockenem kalten Temperament.

Der vierte vom Wendepunkt bis zur Frühlingsgleiche macht ebenfalls rötliche Körper von angenehmer und gepflegter Figur, gibt aber ungeschmeidige Körper, glatte und haarlose Haut, reichlich versehen mit feuchtkaltem Temperament.

Im einzelnen geben die menschlichen Zeichen eine gepflegte und gerade rechte Gestalt, während die Zeichen anderer Sternbilder den Körper verderben und nicht wohlgeformt sein lassen je nach ihrer Art. Und stets werden sie die Glieder, über die sie herrschen, sich ähnlich gestalten, sei es nun in Hinblick auf die Größe oder Kleinheit, bezüglich der Kraft oder Schwäche oder des Anstandes. Bezüglich der Größe beispielsweise: Löwe, Jungfrau und Schütze; der Kleinheit: Fische, Krebs und Steinbock. Ebenso gibt der erste Teil von Widder, Steinbock und Löwe Festigkeit, der zweite Teil dagegen von ihnen schwächt die Körper. Im Gegensatz dazu ergeben die ersten Teile von Schütze, Skorpion und Zwillinge schwächere Körper, die zweiten dagegen Kräftigere. In ähnlicher Weise bilden Jungfrau, Wage und Schütze eine gemäßigte, untersetzte Gestalt und graziöse Art, wogegen der Skorpion, Fische und Steinbock ihrer kleinen Gestalt gegenüber unverhältnismäßig zügellos machen. In gleicher Weise wirken die übrigen, und derjenige, welcher eine genaue Feststellung des Körpers und des Temperamentes wünscht, tut gut daran, alle diese Einzelheiten mit Ueberlegung zu verschmelzen.

## Ueber die Verletzungen und Krankheiten des Körpers.

Da jetzt die Abhandlung über die Verletzungen und Krankheiten des Körpers zu folgen hat, wenden wir uns zur Betrachtung der diesbezüglichen Regeln. Die allgemeine Regel ist folgende: *Betrachte die beiden Winkelgegenden des Horizontes, nämlich den Aszendenten und Deszendenten.*

Zu förderst jedoch betrachten wir den Deszendenten und das ihm vorangehende sechste Haus, das mit dem Aszendenten in keinem direkten Aspekt steht, und beobachten, wie die Uebeltäter diese Häuser aspektieren. Wenn sich nämlich im Bereich dieser Häuser Uebeltäter befinden oder ihre Spitzen im Quadrat oder aus der Opposition anblicken, sei es einer oder beide, so stoßen dem Geborenen Krankheiten oder Verletzungen zu, besonders wenn eines der Lichter oder gar beide in Eckhäusern mit dem Uebeltäter in Konjunktion oder Opposition stehen.

In diesem Falle, gleichgültig, ob der Uebeltäter nach den Lichtern aufgeht oder ihnen vorausläuft, wird er diejenigen Krankheiten verursachen, welche die Zeichen am Horizont und die Natur der Uebeltäter verheissen.

Denn ein Grad irgend eines Zeichens, verunglimpft am Horizont, bedroht denjenigen Körperteil, über den es herrscht, und zeigt an, von welcher Krankheit oder Verletzung oder beiden jenes Glied ergriffen werden kann, während die Ursachen und die Art der Körperbeschädigung durch die Planeten bestimmt werden.

Saturn beherrscht besonders das rechte Ohr, die Blase, Milz, Schleimhäute und Knochen.

Jupiter Gefühlsinn (Hand), die Lungen, Arterien und den Samen.

Mars das linke Ohr, die Nieren, Venen und das männliche Glied.

Die Sonne die Augen, das Gehirn, das Herz, die Nerven und die ganze rechte Seite.

Venus den Geruch, Geschmack und das Fleisch.

Merkur die Sprache, die Sinne, die Zunge, Galle und Gesäß.

Mond den Gaumen, Speiseröhre und Schlund, Magen, Bauch, die Gebärmutter und die ganze linke Seite.

Verletzungen ereignen sich nun hauptsächlich dann, wenn die verursachenden Uebeltäter östlich stehen, wogegen Krankheiten eintreten, wenn sie westlich stehen.

Denn es besteht folgender Unterschied:

Die Verletzung beschädigt irgendein Glied und führt keine langen, dauernden Leiden herbei, die Krankheit aber peinigt die ergriffenen Körperteile entweder beständig, oder in Zwischenräumen.

Für die nähere Bestimmung jedoch verlangen diese eine ins einzelne gehende Untersuchung, welche Körperteile und in welcher Art sie die Krankheit ergreifen wird. In den meisten Fällen nämlich ereignen sich diese entsprechend der Stellung der Gestirne.

*Blindheit* des *rechten* Auges wird verursacht, wenn der *Mond* bei der Geburt in einem Eckhause steht, entweder in Konjunktion oder Opposition, oder an irgend einer Stelle, wo er mit der Sonne im Aspekt steht, und verbunden ist einem der Nebel-Sterne des Zodiak, wie des Krebses oder der Plejaden, oder dem Pfeil des Schützen, oder dem Stachel des Skorpions, oder dem Haar der Berenice oberhalb des Löwen, oder der Urne des Wassermanns.

Und wenn *Mars* oder *Saturn*, während der Mond unglücklich in einem Eckhause steht, der Sonne folgen, oder aber selbst vor der Sonne im Eckhause aufgehen, wenn ebenso beide Gestirne, sei es im gleichen Zeichen, sei es gegenüberliegend in den Würden der morgendlichen Sonne oder des abendlichen Mondes stehen, so bringen sie Schaden am linken Auge. *Mars* durch Stoß oder Schlag, durch Eisen oder Verbrennung; steht er mit *Merkur* dabei zusammen, verursacht er Schaden auf dem Ring- oder Spielplatz oder bei Ueberfällen durch Straßenräuber. *Saturn* dagegen durch Staar, Erfrieren oder Fleckenbildung.

Befindet *Venus* sich in besagten Eckhäusern, besonders im östlichen, mit *Saturn* im Aspekt oder Konjunktion oder Vertauschung ihrer Würden, *Mars* jedoch dabei in Elevation über ihnen oder in Opposition, so werden die Männer unfruchtbar sein, die Frauen Frühgeburten zur Welt bringen und unentwickelte Frucht, oder es muß das Wagnis unternommen werden, den Foetus durch Operation zu entfernen, besonders im Krebs, der Jungfrau und Steinbock. Der Mond verletzt die Augen ebenso in Verbindung mit Nebelsternen, wie beim Aufgange in Konjunktion mit Mars. Blickt Luna aber Merkur an, wenn er am gleichen Orte mit Saturn zusammen steht, und Mars steht in Elevation über ihr oder in Opposition zu ihr, so werden die Kinder geschlechtslos sein, entweder Hermaphroditen, oder aber die Fruchtbarkeit ist versiegt.

Wenn bei solcher Stellung mehrere Planeten die Sonne aspektieren und die Lichter und Venus stehen im männlichen Zeichen, der Mond dabei im Untergang, während die Uebeltäter aufgehen, so wird ebenfalls den Männern die Zeugungskraft mangeln und sie werden kenntliche Verletzungen in dieser Beziehung aufweisen, besonders wenn Venus im Widder oder Wassermann steht. Frauen dagegen bei solchen Verhältnissen sind unfruchtbar, zuweilen tragen sie auch ein Mal im Gesicht. Diejenigen aber, welche *Saturn* und *Merkur* in einem Eckhause in Konjunktion haben, werden stumm sein, oder stottern, besonders wenn Merkur abendlich steht und beide den Mond aspektieren. Mars noch hinzutretend löst meistens wieder den Zungenfehler.

Und wenn der *Mond* dem Mars entgegenläuft und die Lichter folgen beim Aufstieg den Uebeltätern in den Eckhäusern, oder aber die Uebeltäter stehen in Opposition zu ihnen, besonders, wenn der Mond an den Knoten oder an den Wendungen seiner Bahn sich befindet und dabei in schädlichen Zeichen, wie Widder, Stier, Krebs, Skorpion und Steinbock sich aufhält, so gibt das Bucklige oder Lahme oder Krüppel oder Idioten. Stehen dabei die Uebeltäter in Konjunktion mit den Lichtern, so werden diese Menschen Mißbildungen gleich bei der Geburt mitbringen.

Haben die Uebeltäter jedoch ihre Stellung am Medium Coeli über den Lichtern und sind nicht miteinander direkt verbunden, so führen sie Verletzungen durch große Gefahren herbei, durch Steine, die herabfallen, oder Straßenräuber oder Bisse wilder Tiere. Steht *Mars* am nächsten, bringen sie Brandverletzungen oder verursachen Verletzungen im Streit, oder bei einem Ueberfall durch Räuber. *Saturn* dagegen zu oberst, so sind es Steine oder Schiffbruch, die die Gebrechen nach sich ziehen.

Zumeist erfolgen Verletzungen, wenn der Mond in tropischen oder den Aequinoktialzeichen sich befindet. Im Frühling Ausschlag, im Sommer hitzige Krankheiten, im Herbst Aussatz, im Winterzeichen zähe, lange dauernde Krankheiten.

Das wird immer der Fall sein, wenn bei besagter Stellung die Uebeltäter durch Opposition entweder in abendlicher Stellung Sonne, oder in morgendlicher den Mond angreifen.

Im allgemeinen bewirkt *Saturn* Unterleibserkältungen, führt Schleimflüsse und Schnupfen herbei und macht dürre und schwächliche Menschen, die Durchfällen unterworfen sind, gibt trockenen Husten, hindert die Schleimlösung, verursacht heftige Schmerzen in den Eingeweiden und unförmige Schwellungen der Glieder; den Frauen hingegen Unterleibsleiden.

*Mars* bewirkt Blutspeien, Lungenentzündungen, Krätze, Operationen, Brandwunden, beständige Affektionen der inneren Organe, Fisteln, Hämorrhoiden, Entzündung, brennende Geschwüre, die das Fleich zerfressen. Bei

Frauen verursacht er Abortus, künstliche Entbindungen oder Beschädigung des Foetus. Alles dies wird um so stärker auftreten, wenn das Zeichen, in dem der verursachende Planet sich aufhält, den bezüglichen Körperteilen entspricht.

Selbst *Merkur* mit Saturn verbunden erzeugt Krankheiten, Menschen die zu Erkältungen neigen, gibt beständige Leiden und Unreinheiten der Säfte, besonders im Umkreis der Brust, des Magens und Schlundes. In Verbindung mit *Mars* verursacht er Trockenheit bei Geschwüren, Haarausfall, Hornbildungen, Abszesse, Blutsturz, Gallenleiden, Epilepsie und ähnliches. Ebenso richtet sich die Art der Erkrankungen oder Verletzungen nach der Art der Zeichen in den beiden Eckhäusern. Besonders Krebs und Steinbock, Fische, und alle, welche zu den Tierzeichen gehören, bewirken Krankheiten, durch die der Leib zerfressen wird, wie auch Blutsturz, Skrophulosis, Fisteln, Elephantiasis und ähnliche.

Schütze und Zwillinge verursachen Sturz und Fallsucht und, wenn die Uebeltäter in den letzten Graden dieser Zeichen sich aufhalten, führen sie Verletzungen oder Erkrankungen in den äußersten Teilen der Glieder herbei, durch Verletzung oder Fluß, wie Elephantiasis, Podagra oder Gicht der Hände.

Dieses nun sind die Ursachen der Erkrankungen, wenn die Wohltäter die Uebeltäter nicht durch günstigen Aspekt besänftigen. Blicken sie aber nicht die Hauptlichter in den Eckhäusern an, so ist das Uebel schrecklich und unheilbar.

Das Gleiche ist der Fall, wenn sie die Uebeltäter zwar anblicken, jedoch von ihnen besiegt werden, weil die Uebeltäter kräftiger gestellt sind. Wenn sich nun aber die Wohltäter an ihnen verwandten Orten befinden, und die Uebeltäter durch ihre größere Kraft bezwingen, dann werden die Verletzungen weniger entstellend und nicht so gräßlich sein, und die Krankheiten nur mittelschwere und nicht heftiger Natur, zuweilen auch leicht heilbar, sofern die Wohltäter östlich stehen.

Jupiter aber verspricht den Menschen Hilfe, und pflegt Verletzungen durch seine Stärke und Macht zu mindern und Krankheiten leichter zu gestalten. Mit Merkur nämlich zeigt er Hilfe durch Medikamente und Aerzte an, mit Venus durch göttliche Schickung oder Verheißung, daß die Verletzungen minder entstellend und minder wiedrig sind. Die Heilung der Krankheiten aber bewirkt er durch göttliches Zutun.

Und wenn mit Venus Saturn verbunden ist, so zeigt er schmachvolle und gewöhnliche Krankheiten an. In Verbindung mit Merkur[19])

[19]) wenn Ptolemäus nur in Verbindung schreibt, meint er gewöhnlich die Konjunktion. (Der Uebersetzer.)

verkündet er Hilfe mit gleichzeitigem Gewinn,
der sich auf Grund der Verletzung
oder der Krankheit einstellt.

## Von den Anlagen der Seele.

So haben wir kurz die Regeln über das, was dem Körper zustoßen kann, entwickelt. *Die Anlagen des Geistes, d. h. die Eigentümlichkeiten der Gemütsart und des Denkvermögens entnehmen wir im Einzelnen den Verhältnissen Merkurs. Die Eigenschaften des seelischen, ethischen Teiles hingegen und der innerlichen Kräfte schöpfen wir aus den größeren Gestirnen, d. h. dem Monde und den diesen unterstützenden Planeten, sei es durch eine Konjunktion oder durch die Bildung von Aspekten.*

Und da nun die Neigungen und Ausdrucksarten der Seele von großer Verschiedenheit sind, so ist diese Betrachtung vielgestaltig und darf nicht unbesonnen und kritiklos unternommen werden, sondern ist die Frucht vieler und verschiedenster Erwägungen.

Einen großen Einfluß auf die Eigenheiten der Seele haben nämlich die *Zeichen*, durch welche Merkur und Mond gehen, viel auch die Aspekte der Gestirne auf die Sonne und in die Eckhäuser und zuletzt die Natur irgend eines Planeten, der ein Verhältnis zu gewissen seelischen Neigungen aufweist.

Vorzüglich ergeben die *tropischen* Zeichen einen mehr demokratischen Geist, Menschen die nach immerwährender Tätigkeit und bürgerlichen Geschäften verlangen, ehrgeizig sind, die göttlichen Gesetze achten, ingeniös, beweglich sind, sorgfältig bei Untersuchungen vorgehen und bei der Abwägung von Tatsachen, mit praktischem Geschick und Erfindungsgeist ausgestattet und mit der Fähigkeit durch Vermutungen und Nachsinnen über Ausflüchte und Entschuldigungen zu richtigen Schlüssen bezgl. sich gestaltender Verhältnisse zu gelangen. *Zweikörperliche* Zeichen hingegen machen vielseitige, unbeständige, nicht leicht zu ertappende, leichtfertige, unzuverlässige, doppelsinnige Menschen, die zwei Seiten zeigen, dabei liebenswürdig sind, rasch ihre Meinung ändern, musikliebend, feige, schnell bereit zu etwas, aber ebenso schnell ihr Verhalten wieder ändernd.

*Fixe* Zeichen aber geben gerechte Menschen die der Liebedienerei und Schmeicheleien abhold sind, standhaft, fest, intelligent, duldsam, sehr arbeitsam, zähe, beständig sind, lange Feindschaft hegen können, von beharrlichem Eifer, streitsüchtig und polemisch, nach Ehren begierig, auflehnend, geldgierig, trotzig und derb und unbeugsam.

Bei östlichem Stand der Gestirne und im Aszendenten kennzeichnen sie einen offenen

Blick, edle Gesinnung, Einfachheit, Selbstgefälligkeit, Tapferheit, Ingeniosität, Menschen, die schnell handeln und ihr inneres nicht verbergen.

Bei abendlicher Stellung und im Medium Coelum machen sie überlegt und ausdauernd, hochherzig, von treuer Gesinnung, Menschen, die durchsetsen, was sie einmal begonnen haben, unbewegt, robust, achtsam darauf, nicht betrogen zu werden, fest, bedächtig, herrisch, befehlerisch, umsichtig, tätig, strafend, dabei den Wissenschaften ergeben.

Die Planeten im Auf- oder Untergang kennzeichnen Unbeständigkeit, Beweglichkeit, Haltlosigkeit, Unfähigkeit zur Arbeit, eine Anlage, die leicht jeder Regung oder Leidenschaftlichkeit unterliegt, geistige Flachheit, Furchtsamkeit, Unentschlossenheit, noch dabei prahlerisch und mit Drohungen um sich werfend, trotzdem scheu, gefühllos, albern und empfindlich.

Bei abendlicher Stellung und in der Nähe des Meridians und besonders beim Untergange von Merkur und Venus, zuweilen auch bei ihrer abendlichen, nächtlichen oder morgendlichen Stellung verleihen sie Ingeniosität und Klugheit, doch Gedächtnisschwäche, Arbeitsunlust, aber ein stetes Suchen nach Geheimnisvollem, wie Mysterien, Alchemie, geheimnisvollen Apparaten,

Astrologie, Taschenspielerei, ebenso Philosophie, Wahrsagerei, Traumdeutung und ähnlichem.

Stehen die Beherrscher der seelischen Neigungen jedoch in eigenen oder verwandten Zeichen und Würden, wie früher angegeben, so lassen sie ausgezeichnete Fähigkeiten ohne Hemmnisse hervortreten, spontan und erfolgreich sich auswirken, und dies umso mehr, wenn diese letzten beiden Eigenheiten die Oberhand dabei haben, und die eben genannten Planeten Merkur glücklich anblicken und der Mond recht beeinflußt ist. Stehen sie jedoch nicht an ihnen verwandten Orten, so werden die Fähigkeiten schlummern, schwach und langsam sein und wenig Vorteil bringen.

Einen großen Einfluß auf den seelischen Ausdruck haben ferner alle Planeten, die sehr stark gestellt und dabei in Elevation über Merkur und Mond stehen. Und stehen sie dabei in den Würden der Uebeltäter, so wird eine ungerechte und zum Schlechten geneigte Veranlagung die Folge sein. Sind Merkur und Mond jedoch dabei stärker, so zeigen sie rasche Entschlußfähigkeit an, die keinen Hemmungen unterliegt, keine Gefahr heraufbeschwört und schnell zum Wohltun bereit ist.

Sind dagegen die Uebeltäter stärker, so handeln diese Menschen überstürzt, haben in die Irre führende Einfälle und verursachen oft Anstoß.

Besteht aber durch die Stellung dieser Planeten in den Würden der Wohltäter eine Verwandtschaft mit diesen, so deutet dies auf gute und rechtschaffene Sitten, und wofern nicht gegenteilig wirkende wieder in Elevation über diesen stehen, so tuen solche Menschen anderen wohl und erfreuen sich dadurch selbst, werden ob ihrer Wohltaten geehrt, begehen keine Ungerechtigkeiten, sondern haben ihre Freude am Rechttun, was auch ihnen selbst wieder Vorteil bringt. Ueben jedoch Uebeltäter eine solche starke Wirkung aus, so haben diese Menschen keinen Frieden in sich, blicken scheel auf Sitte, Wohltat und Wahrheit und sind zu Verbrechen und Ungerechtigkeiten fähig.

Das ist die Betrachtung im allgemeinen. Die Veranlagung im einzelnen erwächst aus den Einflüssen der einzelnen Planeten, über deren Wirkungen ich mich in folgendem kurz verbreiten und dabei ihre gegenseitige Verschmelzung darlegen werde.

## Saturn.

Hat Saturn allein die Herrschaft und hat eine stärkere Wirkung als Merkur und Mond, und steht er in sehr guten Verhältnissen, was seinen mundanen Stand betrifft, beispielsweise in Eckhäusern, so macht er Menschen, die große Sorge um ihren Körper tragen, schwerfällig, tiefdenkend, ernst, finster und unfreundlich sich geben, die Einsamkeit lieben, arbeitsam sind, unangemessenes Betragen bestrafen, ihre Arbeit bis zum äußersten steigern, knickerig, geldgierig, rauh sind, Schätze sammeln, und eine mißgünstige Natur haben.

Unglücklich gestellt aber macht er unreinliche Menschen mit niedriger Denkungsweise, rücksichtslos und nachlässig, ungesellig, neidisch, zurückhaltend und feig, Menschen, die das Licht scheuen, aus Mißgunst die Taten anderer verkleinern, einsamkeitsliebend, solche, die sich mit trauriger Miene überall beklagen, unverschämt und in steter Besorgnis grübelnd, arbeitsam und ruhig, mißtrauisch den Ihren nachspürend, trübe und ungehobelt sind.

## Saturn und Jupiter im Aspekt.

Eine Verbindung Saturns mit Jupiter an guten Orten macht gute Menschen, die dem Alter Ehrfurcht bezeugen, friedsam und ruhig sind, ehrenhaft denken, hilfsbereit, ohne Uebelwollen, behutsam, sparsam, großherzig, pflichttreu und gefällig und herzlich sind, ihre Angehörigen lieben, und Milde, Klugheit, Duldsamkeit und Weisheit in ihrem Tun obwalten lassen. In ungünstiger Stellung dagegen machen sie unschicklich, unsinnig wild, Menschen, die sich von dem Lärm der Welt zurückziehen, Abergläubische und Mystiker, die Geheimwissenschaften pflegen, argwöhnisch dabei, und ihre Kinder und Freunde vernachlässigend, Hintertüren liebend, ohne Gefühl und mißtrauisch, solche, die sich auf ungeschickte Weise zur Geltung bringen wollen, Giftmischer, Heuchler, solche auch, die der Erfolg verläßt, ehrgeizig dabei und launisch, tölpelhaft, dummdreist und kriechend.

## Saturn mit Mars.

Eine Verbindung mit Mars bei einer weniger schädlichen Stellung verursacht Rücksichtslosigkeit, Fleiß, eine freie Rede, Unruhe,

Kühnheit im Sich-Hervortun, und dennoch Feigheit, Unfreundlichkeit, Finsterheit; mitleidslose Menschen, die anderen gegenüber Nichtachtung zeigen, barsch, rauh, streitsüchtig, Verächter der Gefahr, geräuschvolle Gesellen, die betrügerisch, heimtückisch den Schein zu wahren wissen, sich vor niemandem demütigen, aufrührerisch gesinnt sind und tyrannisch, geldgierig, ihre Mitbürger belästigend, zänkisch und Beleidigungen nicht vergessend, solche, die im Verborgenen Unheil stiften, Eindringlinge, die sich nichts gefallen lassen, grimmig, lästig, ruhmrednerich, Uebeltäter und Ungerechte, die der gerechten Entscheidung sich nicht bequemen; Unmenschlichkeit, Trotz, Hartnäckigkeit gibt diese Verbindung, Menschen, die nicht in sich gehen, sich stets listig in Sicherheit bringen, regsame und tätige Menschen, die sich nicht bei Seite schieben lassen, mit steten, ihnen Nutzen bringenden Einfällen. Bei verunglimpfter Stellung jedoch macht eine solche Verbindung Räuber, Plünderer, Ehebrecher, mit Mühsal Beladene, die mit Begierde auf ehrlosen Gewinn ausgehen, gottlose Frevler mit unmenschlicher Gesinnung, Abschaum der Menschheit, Wegelagerer, Wüstlinge, Meineidige, Menschen, die Mörder dingen, Munddiebe, Uebeltäter, Mörder, Giftmischer, Gottlose, Heiligtumschänder, Leichenräuber und ganz allgemein Verbrecher.

## Saturn mit Venus.

Eine Verbindung mit Venus in weniger schädigender Stellung macht Frauenhasser, Herrschsucht, Liebe zur Einsamkeit, unangenehm im Verkehr, ehrgeizig, ohne Sinn für Schmuck, die Pflege des Menschen vernachlässigend, mißtrauisch, gedrückt, der Liebe abhold, Menschen, die die allgemeine Meinung nie zu der ihrigen machen, sondern in eigener Gedankenwelt leben, Anlage haben zum Weissagen, Neigung zu Uebersinnlichem, religiös sind, Mystiker, Fanatiker, Magier, keusch und wahrhaftig sind, anderen mit Achtung begegnen, fleißig sind und treu in der Freundschaft und standhaft, anhänglich, scharfsinnig und behutsam, mitleidheischend, aber auch die Frauen mit Klatsch bewerfend und eifersüchtig.

In verunglimpfender Stellung jedoch geil und unzüchtig, Schänder der Keuschheit, Menschen, die Selbstschändung treiben, sich vernachlässigen, unsauber in der Ehe, lüsterne Frauenjäger, vorzüglich in der eigenen Verwandtschaft, leichtfertig und berüchtigt, solche, die sich wild in die Sinnlichkeit stürzen, Eleganz und Sauberkeit verachten, neidisch sind und dem Trunke ergeben, abergläubisch, Verführer, die selbst allen Anreizen unterliegen und

Gattinnen entehren, und das nicht allein auf natürliche, sondern auch in widernatürlicher Weise, begehrlich, senil, Ehefrauen, die in Schändlichkeiten waten, und mit ungezügelter Sinnlichkeit ihren Lüsten nachgehen; Gottlose, Gottverächter, die die Heiligkeit verspotten, Unzuverlässige, Ränkeschmiedende, Giftmischerinnen, Menschen, die sich nicht im geringsten in der Gewalt haben.

## Saturn mit Merkur.

In Verbindung mit Merkur und beide in glücklicher Stellung macht er sorgfältige Forscher, gute Gesetzausleger und Naturgelehrte, bewußte Adepten, die geheime Wunder treiben, aber auch Betrüger, solche, die in der Gegenwart leben, scharfsinnige und tätige Menschen, die mit großem Geschick begabt sind, eine scharfe Rede haben, sehr sorgsam, nüchtern und emsig sind, auch arbeitsame und fleißige Menschen, denen selten Unternehmungen fehlschlagen.

In beschädigter Stellung jedoch macht er gedankenlose Schwätzer und Faselhänse, scheinheilige Menschen ohne Mitleid, die sich durch das Leben plagen, von gefährlicher Gesihnung den Ihrigen gegenüber, Neider, Bedrückte, die in der Nacht umherschweifen, Hinterlistige und Verräter, grausam, zur Wut geneigt, schädigende Magier, Giftmischer, Fälscher, Betrüger und Menschen, die nie den gewünschten Erfolg haben, sondern alle Versuche vergeblich unternehmen.

## Jupiter.

Jupiter allein an glücklichem Platze als Herrscher über die seelischen Anlagen macht großherzig, wohltätig, religiös, achtungerweisend, mit Freude am Guten, menschlich prächtig, großzügig und von edler Gesinnung, gerecht, alles Große ehrend, würdig, sich nicht um Fremdes bekümmernd, mitleidvoll, geistig, fruchtbar und klug, liebevoll den Angehörigen gegenüber, und geborene Leiter.

An ungünstigem Orte und schwach gestellt bringt er eine ähnliche Wirkung hervor, nur in geringerem Maße und verborgener und weniger kräftig, z. B. spröder bezgl. der Seelengröße, hinsichtlich der Religion zum Aberglauben geneigt, von übertriebener Wahrhaftigkeit, statt Würde Aufgeblasenheit, statt Treuherzigkeit Tölpelhaftigkeit, statt Vornehmheit den Hang zum Vergnügen und Genuß, statt der Verehrung des Erhabenen Borniertheit, Nachlässigkeit statt Freizügigkeit, und in dieser Weise werden alle Anlagen schwächend verbildet.

## Jupiter mit Mars.

Eine Verbindung mit Mars in glücklicher Stellung macht trotzig, widersetzlich, kriegerisch, tüchtig als Leiter, leidenschaftlich sich gegen Unterdrückung wehrend, heißblütig und feurig, Gefahren liebend, tätig, frei ihre Zunge gebrauchend in der Disputation und die Lügen anderer aufdeckend, alles nur unternehmend, wenn sie es hochachten können, streitsüchtig, rührig beim Leiten, streng und durchgreifend, zuweilen hinterlistig, Billigkeit und Gerechtigkeit liebend, mannhaft, leichtgläubig, großherzig, ehrgeizig, jähzornig, gerecht im Urteil und selten einem Irrtum anheimfallend.

In unglücklicher Stellung jedoch verursacht er Anlage zu Ehrenkränkungen, Vernachlässigung seines Selbst, Grausamkeit, Unversönlichkeit, Aufsässigkeit, Rauflust, die Neigung, der allgemeinen Sitte sich nicht anzubequemen, macht zu Kabalen aufgelegt, mißtrauisch, überall das Vorrecht verlangend, alles an sich reißen wollend, unbeständig, leichtfertig, schnell in den Vorsätzen wechselnd, unbesonnen, kopflos, wankelmütig, unumsichtig, undankbar, lärmend, leicht in Bestürzung versetzt, jedoch nichts vergeblich unternehmend, Draufgänger, Querulanten, die Verschwendung liebend, albern, Menschen, die regellos und in ewigem Wechsel ihr Leben durchstürmen.

## Jupiter mit Venus.

Eine Verbindung mit Venus in vorteilhafter Stellung verleiht Liebe zur Eleganz und Schönheit bei Menschen, die ihre Güter auf das angenehmste zu genießen wissen, blühendes Aussehen, mit Sinn für Künste, Schauspiele, Wissenschaften, macht musikbegabt, mit Reizen überschüttet, aber dabei natürlich, wohltätig, Menschen, die es fertig bekommen, andere ihres falschen Weges zu überführen, nicht verschlagen, religiös, Zeremonien und Chorgesänge liebend, klug, zur Verehrung und dem Tun der Venus willig, entzückend, beliebt, freizügig, mit Liebe zur Literatur, gerechtem Urteil, charakterfest und den Geschlechtsgenuß nicht übertreibend, polemisch, fromm, gerecht, ruhm- und ehrbegierig, und in der Grundlage ehrenhaft und glücklich zu preisen.

In beschädigter Stellung jedoch macht sie den Genüssen des Gaumens ergeben, verwöhnt, verweichlicht, tanzlustig, mit frauenhaftem Unvermögen begabt, genußsüchtig, weibisch, sehr dem anderen Geschlecht zugetan, prahlerisch, wollüstig, ehebrecherisch, Menschen, die sich gern auffällig schmücken, mit weichem Gefühl, träge, verschwendungsliebend, spottsüchtig, albern, leidenschaftlich, zierlich, den Frauen mit Ratschlägen stets helfend, abergläubisch, mit der Neigung, Liebschaften zu vermitteln, geheime Gebräuche bewahrend, macht geeignet zum Vertrauten, und durchaus nicht verlangend, Schaden zu stiften, schalkhaft, willfährig, vergnügt und sehr freigebig mit Gunstbezeugungen.

## Jupiter mit Merkur.

Jupiter in günstiger Stellung mit Merkur verbunden, verleiht Liebe zu den Wissenschaften, eine gefällige Redegabe, Neigung zur Geometrie, zur Allgemeinbildung, Poesie, Beredtsamkeit, macht ingeniös, bescheiden, menschlich, verlangend nach Unterweisung in angenehmen Kenntnissen, der Staatswissenschaft geneigt, wohltätig, gute Verwalter fremden Handels und Geschäfts, gute Mitarbeiter, freizügig, geselligkeitsliebend, mit witziger Beobachtungsgabe, Menschen, die keinen fruchtlosen Einfällen verfallen, berufen zu leitenden

Stellungen, fromm, mit göttlichen Angelegenheiten sich beschäftigend, Menschen, die durch ihre Kenntnisse auf ehrliche Weise ihre Mittel vermehren, von selbstverständlichem Wohltun gegenüber Verwandten, mit Liebe zu ihren Angehörigen, geschaffen zum Lernen, philosophisch, allem Großen Ansehen verschaffend.

Unglücklich beeinflußt jedoch macht er albern, gedankenlos schwätzend, abschweifend, von verachtendem Wesen, fanatisch begeistert, aufschneidend, neidisch, solche, die anmaßend sich ob ihrer Weisheit brüsten, unumsichtig, prahlerisch sind, nach allen Richtungen der Wissenschaften herumprobieren, Magier, ratlose unsichere Menschen, die leicht aus der Fassung gebracht werden, und leicht außer sich geraten, überall herumsuchen und fragen, und nachtragend, wissenschaftlichen Doktrinen gegenüber ehrfürchtig und in weltlichen Vergnügungen schwelgend.

## Mars.

Hat Mars alleinigen Einfluß auf die seelischen Anlagen und steht glücklich, so macht er freigebig, geschaffen zu führenden Stellungen, hitzig, nach Reichtümern trachtend, freßlustig, stark, sich in Gefahren stürzend und die Gefahr verachtend, unfähig in Knechtschaft zu leben, mit Nichtachtung seiner selbst, gibt Hartnäckigkeit, Leidenschaftlichkeit, eigensinnige Launenhaftigkeit, Verachtung der Umwelt, Herrschsucht, macht energisch, schlagfertig und entschlossen, sowie jähzornige Führernaturen.

In unglücklicher Stellung dagegen macht er grausam, ungerecht, blutgierig, unruhstiftend, Aufwand liebend, geräuschvoll und lärmend, veranlagt zu Mord, Diebstahl, Trunk, Raub, Lasterhaftigkeit, Grobheit, von unruhigem Geist, wild, häßlich den eigenen Angehörigen gegenüber und gottlos.

## Mars mit Venus.

Eine glückliche Verbindung mit Venus macht aufgeräumt und heiter, beweglich und umgängig, die Kameradschaft liebend, Luxus und üppige Genüsse verehrend, fröhlich, zu Scherzen geneigt, sorglos, musikalisch, zum Tanzen und Lieben geschaffen, kinderfreundlich, mit schauspielerischem Talent, mit großem Hang zu sinnlichen Vergnügungen, großen Aufwand machend, geil, immer zur Wollust bereit, aber dennoch stets glücklich dabei und vorsichtig, umsichtig, es nie dahin kommen lassend, von jemandem dabei ertappt und berüchtigt zu werden, adpetentes iuvenilia corpora adolescentum et puellarum, genußsüchtig, jähzornig und eifersüchtig.

In unglücklicher Verbindung und Stellung macht er lüsterne, weichliche, sich wild in sinnliche Genüsse stürzende Menschen, die ihrer selbst nicht achten, Ehrenschänder, Ehebrecher, mit ehrenrührigen Begierden, Lügner, Betrüger, die sich selbst und andere durch Unzucht entehren, leidenschaftlich und draufgängerisch in ihrer Begierde, sowohl Frauen als auch Jungfrauen schändend, sich ohne Besinnung in Gefahren werfend, flagellantes, gemeine Gebärden zur Schau tragend, Frauen nachstellend und auflauernd, Meineidige, jeden Augenblick zur Rauferei geneigt, beschränkt, putzliebend, ungezügelt, solche, die niedrige Handlungen auf Bezahlung verlangen und überhaupt von Grund auf unzüchtig sind.

## Mars mit Merkur.

Verbunden mit Merkur und glücklich gestellt macht er außerordentlich begabt in strategischem Sinne, vorsichtig, mutig und heftig, unbeständig, Gefahren gegenüber im voraus besorgt, verschlagen und schlau, betriebsam, sophistisch, tätig, zum Betrug fähig, geschwätzig, aufdringlich, ränkevoll, beweglich, nicht unfähig zum Diebstahl, solche, die es verstehen Fallen zu stellen, und im Handumdrehen Rat wissen, fähig zum Betrügen, Hochstapler, Auflaurer, Schurken in der Gesinnung, macht überaus neugierig und emsig, mit glücklichen, vorteilhaften Einfällen, Menschen, die sich leicht den Schein des Wohltuns zu verschaffen wissen, und auch behaupten können, ihren Feinden zu schaden verstehen, dagegen ihren Freunden viel Gutes tun.

Bei ungünstiger Stellung jedoch verursacht er große Liebe zum Aufwand, macht dabei habsüchtig und grausam, Menschen, die selbst unbesonnen Gefahren heraufbeschwören, macht dreist, veränderlich im Vorsatze, leicht erschüttert und aus der Fassung gebracht, lügnerisch, diebisch, gottlos, Einbrecher, Aufrührer, Feuerstifter, Menschen die ihre Freude daran haben, Unruhe in die Menge zu bringen, Eide brechen, Abschaum der Gesellschaft, Straßenräuber, Lustmörder, Fälscher, Verräter, Betrüger, falsche Magier, Giftmischer und Mörder.

## Venus.

Ist Venus alleinige Herrscherin über die seelischen Anlagen, so macht sie reizende, schmeichelnde, herzensgute Menschen, welche sich der Verwöhnung hingeben, mit guten Anlagen zur Psychologie, beredt, begabt mit Eleganz und die Feierlichkeit liebend, eifersüchtig, heiter und fröhlich, wenig für die Arbeit geschaffen, empfänglich für die Wirkungen der Künste, liebreizend in den Bewegungen, religiös, von schönem Aeußeren, mit Wahrträumen, den Ihren gegenüber von großem Wohlwollen, wohltätig, mitleidig, leicht versöhnlich, glücklich in ihren Bemühungen und endlich mit großer Freude am Sinnengenuß.

Unglücklich gestellt dagegen macht sie nachlässig, beständig auf sinnlichen Genuß ausgehend, verweichlicht, weiberhaft, feige, nachlässig in der Exaktheit der Arbeit, Sklaven der Sinnlichkeit, Menschen, die sich nichts daraus machen, in schlechten Ruf zu kommen, heimliche Gesellen, die das Dunkel lieben.

## Venus mit Merkur.

Mit Merkur in Verbindung und glücklich gestellt, gibt sie Vorliebe zum Kunsthandwerk, zur Wissenschaft wie auch große Fähigkeit dazu, Ingeniosität, dichterische und musikalische Begabung, Liebe zum gepflegten Leben, Friedsamkeit, macht anziehend und lieblich, mit Sinn für gutes Essen, Luxus liebend, heiter und fröhlich, treu in der Freundschaft, fromm, geistig, lebhaft, verschmitzt und pfiffig, geschickt, treffend in den Vermutungen, mit Gewandtheit zur Arbeit und schneller Auffassung, lernbegierig, auch ohne Lehrer selbständig vieles erfassend, darauf brennend, durch ihr Bemühen das Beste gleichfalls fertig zu bekommen, gefällig von Gestalt, höflich im Betragen, angenehm, von gesellschaftlichen Umgangsmanieren, strebsam, spielfreudig, von geschicktem Urteil, großherzig, listig in der Liebe und eifersüchtig.

In gegenteiliger Stellung jedoch aufdringlich, listig, häßlich, wankelmütig, übelwollend, zum Betrug geneigt, lärmend, lügnerisch, ränkevoll, meineidig, heimliche Betrüger, durchtriebene Gesellen, Vertragsbrüchige, falsch, treulos und unredlich, unversöhnlich, Unzüchtige und Ehrenschänder, dabei verführerisch, weich, übel berufen, den allgemeinen Unredlichkeiten ergeben, Menschen, die zuweilen verführt, zuweilen durch ihre eigene Natur gereizt, sich ins Verderben bringen, von niedriger Handlungsweise und allen möglichen Lastern verfallen.

## Merkur.

Merkur, in glücklicher Stellung im Besitze der Herrschaft über die Seele, macht geistig rege, klug, gelehrig, mit großem Interesse nach jeder Richtung, schnell in der Erfindung, Vieles versuchend, gute Rechner, treffend im Vermuten, allen Sachen auf den Grund gehen wollend, ingeniös, gute Nachahmer, wohltätig, berechnend, forschend, mathematisch begabt, mit Sinn für Geheimnisse und glücklich im Unternehmen.

In gegensätzlicher Stellung dagegen, verschlagen, überhastend, vergeßlich, mit plötzlichen Einfällen, leichtsinnig, wechselnd, Vorsätze schnell ändernd, albern und schwatzhaft, schadenfreudig, töricht, einfältig, faselnd und gedankenlos schwätzend, lügnerisch, unordentlich in der Arbeit, und ehrenhafte wie niedrige Menschen gleich nachlässig behandelnd, wankelmütig, treubrüchig, betrügerisch, ungerecht, gefährliche Pläne anstiftend und dreist und vorsichtig bei der Ausführung von Verbrechen vorgehend.

## Der Mond.

Einen großen Einfluß aber hat nun der Mond, welcher, ganz gleich, ob er in südlicher oder nördlicher Breite läuft, der Seele für ihren Ausdruck eine Vielseitigkeit des Charakters verleiht, wie auch Gewitztheit und geistige Gewandtheit und Veränderlichkeit. Steht er an seinen Knoten, so gibt er Scharfsinn und spitzfindigen Verstand, schnelle Erfindungsgabe, Tätigkeit und Schlagfertigkeit. Im Aufgange, und dabei zunehmend, macht er noch generöser, offener, kräftiger und widerstandsfähiger auch freizügiger. In Sonnenkonjunktion oder verdeckt von der Sonne macht er lässiger und träger, geistig stumpfer und oberflächlicher, leichter von einem Vorsatz ablassend, furchtsamer, unsicherer und zurückhaltender.

## Die Sonne.

Steht die Sonne hingegen an glücklicher Stelle in Verbindung mit den das Seelenleben beherrschenden Planeten, verleiht sie ein größeres Gerechtigkeitsgefühl, ein noch intensiveres Tätigkeitsbedürfnis, größere Würde und Religiosität. An unglücklichen und den Einflüssen des Beherrschers widerstrebenden Orten jedoch macht sie die seelischen Anlagen um so niedriger und unbedeutender, verwickelt den Menschen in Schwierigkeiten, läßt ihn sittliche Würde gering achten, macht hartnäckig, ungeschliffen, grausam, schwer zu behandeln und letzten Endes weniger der Tugend geneigt.

## Ueber die Leiden der Seele.

Da den Eigenschaften der Seele irgendwie stets die Aufzählung ihrer Krankheitsanzeichen zu folgen pflegt, so muß dafür ganz allgemein *auf Merkur und Mond geachtet und gemerkt werden, in welcher Weise sie sich wechselseitig bestrahlen oder Aspekte in die Eckhäuser oder auf die Uebeltäter werfen.*

Wenn nämlich Merkur und Mond nicht miteinander verbunden sind, oder, wenn sie im Osten aufgehend, die Uebeltäter in Elevation über sich stehen haben, oder die Uebeltäter stehen in Opposition zu ihnen und sind einander in gefährlichem Aspekt verbunden, so bilden sie die Ursache vieler seelischer Krankheiten. Und die Art der Störung des normalen Verhältnisses der seelischen Anlagen schließt man aus den Eigenheiten der Planeten in Verbindung mit ihrer Stellung.

Ein weniger bedeutendes Gebrechen vermag man auf Grund der früher aufgeführten Eigenschaften der Planeten festzustellen, gesteigerte dagegen ersieht man aus dem Ueberragen der Uebeltäter.

Im allgemeinen kann das als ein Gebrechen bezeichnet werden, wenn die Grenzen des Normalen überschritten werden, oder eine Verletzung des sittlichen Bewußtseins festzustellen ist, das sich vom rechten Maße entfernt. Im übrigen ist es erforderlich, schwere Verwirrungen, mögen sie auch mit ständigen Krankheiten des Körpers zusammenhängen, in nachfolgender Weise zu beobachten und zu beurteilen.

Epileptiker entstehen meistens dadurch, daß bei ihnen Merkur und Mond nicht in Verbindung miteinander stehen und auch nicht mit dem Aszendenten, und sie zugleich bei Tage Saturn oder bei Nacht Mars herrschend in einem Eckhaus zu stehen haben. Tobsüchtige dagegen entstehen, wenn entgegengesetzt Saturn bei Nacht oder Mars bei Tage eine herrschende Stellung einnimmt, besonders bei einem Stand im Krebs, der Jungfrau und den Fischen.

Von Dämonen heimgesucht und an Gehirnwasser leiden diejenigen, bei welchen die Uebeltäter den Mond aspektieren, wobei *Saturn* den sich aus der Konjunktion mit der Sonne lösenden Mond, *Mars* ihn dagegen, wenn er in Opposition zu ihr steht, aspektiert, besonders im Schützen und in den Fischen.

Bestrahlen die Uebeltäter jedoch die Sonne auf die angegebene Art oder werden von ihr beherrscht, so rufen sie unheilbare Krankheiten hervor, die jedoch latent und nicht jenen Ungeheuerlichkeiten ähnelnd, sich im Verstandesteile der Seele festgesetzt haben.

Sind dagegen die Wohltäter, Jupiter und Venus, auf irgendeine Art mit ihnen durch Aspekte verbunden, und die Uebeltäter stehen im Untergang, während die Wohltäter aufgehen, so sind die hervorgebrachten Krankheiten heilbar und ebenfalls nicht so scheußlich wie jene Ungeheuerlichkeiten.

Durch Medikamente bessern lassen sie sich aber dann, wenn *Jupiter* einen günstigen Aspekt wirft. Wirkt dagegen Venus hilfreich, so heilt man sie durch psychische Heilkunst und durch göttliche Hilfe.

Sind aber die Uebeltäter im Aufgange, die Wohltäter dagegen westlich, so sind die Krankheiten unheilbar, kommen immer wieder periodisch zum Ausdruck, bei dem Epileptiker mit häufiger Wiederholung, künden sich durch einen weit umherschallenden Schrei an und sind mit Todesgefahr verbunden. Bei Tobsucht jedoch und Verstandesverwirrung können sie nicht gebändigt werden, entfremden sich den Familienangehörigen, entblößen ihre Körper, stoßen Verwünschungen aus und ähnliches mehr.

Besteht jedoch Besessenheit oder ein Wahnsinn, geraten sie in Ekstase, schreien Geheimnisse in alle Welt und stoßen Läster- und

Hohnrufe aus und unterliegen ähnlichen Häßlichkeiten.

Im einzelnen trägt die Art der Planeten vieles zu dem Ausbruch bei. Denn *Sonne* und *Mars* führen Tollheit herbei, *Jupiter* und *Merkur* Epilepsie, *Venus* Ekstase, Verzückung und Zungenreden, *Saturn* und *Mond* getrübte Sinne und Besessenheit von Dämonen.

Und in der positiven Verstandestätigkeit stellen sich die Krankheiten fast stets in der angeführten Art und gemäß den diesbezüglichen Planetenstellungen ein.

Im leidenden Teil der Seele dagegen, unter welchem das Begehren der Sinne verstanden werden muß, ist gleichzeitig eine Neigung zum Exzeß und ein Defekt in männlicher oder weiblicher Beziehung möglich. Die Untersuchung gestalten wir eben wie vorher, *nämlich nach dem Verhältnis der Sonne und des Mondes zu Merkur, und ziehen ferner dann noch die Aspekte von Mars und Venus in Betracht.* Wenn diese in solcher Zusammenstellung der Betrachtung unterworfen werden, so ergibt sich, daß, wofern die Planeten ausschließlich in männlichen Zeichen stehen, die Männer bezüglich ihrer sexuellen Natur über das gewöhnliche Maß hinausragen werden, die Frauen hingegen männlicher in ihren Instinkten sein und ihrer sexuellen Getriebenheit nach jeder Richtung hin Ausdruck verstatten. Und wenn Mars und

Venus, sei es nun einer von ihnen oder beide zugleich in männlichen Zeichen stehen, so werden die Männer ihrer Natur gemäß zur Sexualität geneigt sein, jedoch ehebrecherisch handeln, unbefriedigt bleiben und bei jedweder Gelegenheit ihren niedrigen, nach allen Richtungen schweifenden Begierden verfallen.

Die Frauen dagegen werden widernatürlichen Begierden unterliegen, geil sein und mit ihren Blicken ermutigen. Ebenso reizt eine solche Zusammenstirnung die Frauen, der Sexualität in männlicher Art zu fröhnen.

Steht *Venus allein* in einem männlichen Zeichen, so werden sie solchen Lastern nur heimlich und nicht vor Zuschauern anhangen. Tritt *Mars* jedoch noch hinzu, so tun sie dies vor aller Leute Augen in unzüchtigster Weise, und zwar so, daß zuzeiten solche Weiber mit anderen ihres Geschlechts in Konkubinat leben.

Stehen nun aber entgegengesetzt die Planeten in gleicher Art in weiblichen Zeichen, so werden die Frauen übermäßig erotisch, und die Männer wider ihre Natur weich und verweiblicht sein.

Wenn *Venus* in weiblichem Zeichen steht, so werden die Frauen ihren Begierden nicht widerstehen, ehebrecherisch und geil, auch wider ihre Natur und wider das Gesetz sich betätigen; die Männer hingegen weich und unzüchtig in ihrer Libido und empfinden sich dabei als Weib; indes tun sie das heimlich.

Ist aber *Mars* ebenfalls verweiblicht, so besudeln sie sich in unzüchtigster Weise mit jeder Art der Begierde, so daß sie durch diese verabscheuungswürdigen Verbrechen berüchtigt werden und in Schmach und Schande versinken.

Es verführen nun aber die östliche und morgendliche Stellung von Mars und Venus zu Unverschämtheit und Unzüchtigkeit, bei westlicher und abendlicher Stellung dagegen machen sie die Natur feminin und geben die Möglichkeit der Beherrschung. Tritt jedoch Saturn noch zu dieser Verbindung hinzu, so wird die Unzüchtigkeit mit Unflätigkeit und Gemeinheit gepaart auftreten.

J u p i t e r macht die Anlage gemäßigter, schamhafter und vorsichter, M e r k u r ehrenrühriger, verursacht öfteren Wechsel in dem Ausdruck der Begierde und zieht große Gebrechen im Organismus nach sich.

# DAS VIERTE BUCH
## DES PTOLEMAEUS

### Ueber die Anzeichen der Ereignisse und ihre Verursacher.

Im vorigen Buche habe ich nun alles das zum Gegenstande der Untersuchung gemacht, was vor der Geburt betrachtet werden muß, was sich auf sie selbst bezieht, ebenso wie alles, was auf sie folgt, so die Eigenschaften der seelischen Anlagen und ihre gegenseitige Vermischung. Nun will ich von dem sprechen, was außerhalb des Körpers geschieht und von irgendwoher an den Geborenen herantritt. Bei dieser Aufzählung wollen wir zuerst die Ausführungen über die Schicksalsmöglichkeiten und über Rang und Ansehen folgen lassen.

Wie nämlich die Lebensmöglichkeiten den Eigenschaften des Körpers entsprechen, so folgen Würde, Ehre und Ansehen im Leben aus überragenden seelischen Anlagen.

## Ueber die Schicksalsmöglichkeiten.

Wie sich die Schicksalsmöglichkeiten der Zukunft gestalten werden, müssen wir aus dem Glückspunkte erkennen, welcher auf folgende Art gefunden wird: So weit die Entfernung von Sonne und Mond ist, so weit wird auch dieses vom Aszendenten abstehen, ganz gleich, ob bei einer Tag- oder Nachtgeburt.

*In die Betrachtung müssen nun jene Planeten gezogen werden, welche die Herrschaft über das Zeichen, in welchem der Glückspunkt sich befindet, ausüben,* ihre Kräfte und Verbindungen in der gleichen Art, wie ich vorher auseinandergesetzt habe. Wir beobachten einmal alle glücklichen Bestrahlungen der Planeten auf diese und ebenso diejenigen Gestirne, welche über den Herrschern in Elevation stehen, seien sie nun von der gleichen Wirkungsart wie diese, oder einer diesen widersprechenden.

Wenn nämlich die, welche dem Glückspunkte als Herrscher gesetzt sind, von größerer Macht sind, so bewirken sie Reichtum, und besonders, wenn sie durch die Lichter dabei unterstützt werden. *Saturn* durch Bauten, Seeangelegenheiten oder Ackerbau; *Jupiter* durch Pflichttreue, durch Verwaltungsstellen und

Priesterämter; *Mars* durch Militär- oder Kriegsdienst und Befehl; *Venus* durch Freunde oder Geschenke von Frauen; *Merkur* durch eigene Redegabe und Handelsgeschäfte.

Besonders wenn *Saturn* als Beherrscher des Glücksrades von *Jupiter* glücklich angeblickt ist, so verschafft er Erbschaften, zumal wenn dieser Aspekt in die oberen Eckhäuser fällt, oder Jupiter in zweikörperlichem Zeichen untergeht, oder vom Mond glücklich bestrahlt wird. Dann nämlich werden die Geborenen durch Adoption zur Erbschaft und in den Genuß fremder Güter gelangen.

Es werden aber dauerhafte Schicksalsmöglichkeiten geschaffen, wenn die Beherrscher des Glücksrades durch Planeten, die ihrem guten Bestreben ähnlich, unterstützt werden. Haben jedoch Uebeltäter die Herrschaft über die Hauptplätze gewonnen oder sind im Aufsteigen zu ihnen begriffen, so bewirken diese wieder die Zerstörung der genannten Glücksumstände. Die Zeit dabei wird ganz allgemein aus dem Lauf der Planeten in Eckhäusern oder den fallenden Häusern gewonnen.

## Ueber Ehre und Ansehen.

*Ueber die Würden des Lebens wird aus der Stellung der Lichter und der sie umgebenden Planeten geschlossen, sofern diese ihrer Art nach die Wirkung der Lichter unterstützen.*

Dann, wenn beide Lichter in männlichen Zeichen sich befinden, und gleichzeitig in Eckhäusern stehen, oder wenn beide oder nur dasjenige, dem durch seine Stellung die größte Wirkung in der Nativität eignet, sich im Eckhause befindet und fünf Planeten als Trabanten um sich hat, die bezüglich der Sonne morgendlich, bezügl. des Mondes aber abendlich stehen müssen, so werden Könige geboren. Und befinden sich dabei die Trabanten ebenfalls im Eckhause, oder bestrahlen mit glücklichem Anblick das Medium Coelum, so werden große Macht und Herrschaft und große Werke um den Geborenen sich sammeln.

Wenn aber bei einer solchen Zusammenstirnung die Sonne in einem männlichen, der Mond im weiblichen Zeichen und eins von ihnen beiden in einem Eckhause steht, so werden sie Gewalt über Leben und Tod der anderen Mitmenschen schenken.

Befinden sich jedoch bei einer solchen Stellung der Lichter die Trabanten nicht in

Eckhäusern, noch werfen sie auf diese irgendeinen Aspekt, so werden die Geborenen immerhin Ansehen besitzen, jedoch in einer anderen Art von Herrschaft sich hervortuen, wie durch das Tragen von Ehrenzeichen, oder eine Verwaltung, oder durch den Vorsitz im Lager, aber nicht als Kriegsführer.

Stehen nun aber die Lichter nicht in Eckhäusern, während von den Trabanten die meisten in Eckhäusern sind oder diese glücklich bestrahlen, so haben diese Menschen kein militärisches Ansehen, sondern tuen sich unter den Bürgern durch Wohlwollen und ihre Gesinnung hervor und werden dadurch eine entsprechende Stellung erreichen.

Befinden sich jedoch selbst die Trabanten nicht in Eckhäusern, so wird das Leben dieser Menschen gering und voller Hindernisse sich gestalten, und geradezu elend und ärmlich werden sie ihr Leben verbringen, wenn nicht die Eckhäuser Lichter in sich bergen, oder eines von ihnen in einem männlichen Zeichen steht oder von den Wohltätern umgeben ist.

Im allgemeinen zeigt so eine Betrachtung in dieser Weise einmal ein außergewöhnlich hervorragendes Ansehen, oder ein sehr geringgestaltetes Leben an.

Die Prägung der Lebensschicksale jedoch, welche zwischen diesen Extremen liegen, und welche die Mehrzahl bilden, wird aus der Art der Lichter und ihrer Trabanten wie auch durch die Beherrschei der Trabanten erkannt.

Denn, wenn die Wohltäter eine überragende Stellung einnehmen, und ihre Art es bestätigt, so werden diese Menschen ein größeres Ansehen genießen, und weniger Widerwärtigkeiten auszuhalten haben.

Wenn im Gegensatz dazu die Planeten einer höheren Stellung nicht entsprechen, und die Uebeltäter leisten ihrer Wirkung noch dazu Widerstand. und deuten auf Gefahren, so schließt man die Art des Ansehens aus den Eigenschaften der Trabanten.

Es gibt *Saturn* Ehre und Ansehen durch Erbschaft und Geld.

*Jupiter* und *Venus* bewirken durch Gunst, Geschenke und Ehrenstellen Größe der Beliebtheit.

*Mars* zeigt Würden an durch militärische Stellung, Siege oder Eroberung von Landstrichen.

*Merkur* läßt durch Klugheit, Gelehrsamkeit, und Oekonomie Ehre erwerben.

## Ueber den Beruf.

Den Herrn über den Beruf stellt man auf zwei Arten fest, durch Beziehung zur Sonne und zum Medium Coelum. *In die Betrachtung gezogen muß nämlich dasjenige Gestirn werden, welches der Sonne zunächst dieser im täglichen Aufstieg voraufgeht, und dasjenige am Medium Coelum, welches einen Aspekt mit dem Monde hat.* Trifft bei einem Planeten jedoch beides gleichzeitig zu, sodaß er sowohl der Sonne im Aufstieg voraufgeht, als auch im 10. Hause steht, so ist dieser der Herr über den Beruf und die Tätigkeit. Sofern jedoch bei einem von mehreren Planeten nicht beides zugleich zutrifft, so muß derjenige vorgezogen werden, bei dem das erste der Fall ist.

Geht aber von zwei Planeten der eine der Sonne vorauf, während der andere am M. C. sich befindet und den Mond glücklich bestrahlt, so ist dieser letztere zu nehmen. Ebenso wird von mehreren der stärkste Einfluß auf den Beruf demjenigen Gestirne zuerteilt, welches die meisten der obengenannten Bedingungen erfüllt.

Steigt jedoch kein Planet der Sonne voraus auf, und es befindet sich auch keiner im 10. Hause, so nimm den Herrn des Zeichens, in welches das M. C. fällt, um die Art der Berufstätigkeiten im Leben des Geborenen zu erforschen. Jedoch nur in diesem Falle sind diese von ausschlaggebender Bedeutung.

Auf solche Weise wird also über den Herrn des Berufs entschieden. Die Art des Berufes jedoch ersieht man aus den Beeinflussungen der drei Planeten: Mars, Venus und Merkur, und aus der Art der Zeichen, in denen sie sich aufhalten.

Merkur als Herr des Berufes, macht, allgemein gesprochen, Schreiber, Philologen, Lehrer der Mathematik, Kaufleute, Bankiers, Pächter, Astrologen, Forscher, kurz stets solche Berufe, die sich entweder mit der Arbeit an den Wissenschaften oder mit Geschäften abgeben. Blickt ihn nun *Saturn* günstig an, so macht er Menschen, die sich durch Begeistung und große Sehergabe mit außergewöhnlichen übersinnlichen Dingen beschäftigen, Traumdeuter und Menschen, die sich auf religiösen Bahnen bewegen.

Sofern aber *Jupiter* ihn aspektiert, so macht er Redner und Gelehrte, die Freundschaften und vertrauten Umgang mit bedeutenden und mächtigen Männern haben.

Venus in ausschlaggebender Stellung für den Beruf macht Künstler oder Kunsthandwerker und Leute, welche die Zubereitung und Herstellung von wohlriechenden Spezereien,

Salben, Farben, Parfümerien, Gerüchen und Schmuck betreiben, wie Bildhauer, Goldschmiede, Besitzer von Vergnügungsstätten, Geldleute und Lebensmittelhändler, Apotheker, Stoffhändler, Parfümeure, Maler und Kleiderhändler.

Mit *Saturn* im Aspekt macht sie Händler mit Gegenständen, die der Bequemlichkeit, dem Lebensgenuß und dem Luxus dienen, außerdem aber auch Gaukler, Marktzauberer, Giftmischer, Kuppler und ähnliche Tätigkeiten.

Mit *Jupiter* im Aspekt Wettringer oder Kronträger, Würdenträger und Männer, die durch Frauengunst zu hohen Stellungen gelangen.

Ist Mars jedoch der Herr über den Beruf und steht im Aspekt mit der Sonne, so macht er Handwerker, die Meister sind in ihrem Berufe, welche ihre Arbeit mit Hilfe des Feuers vollbringen, wie Köche, Metallgießer, Schlosser, Kupferschmiede, Bronzegießer usw.

*Ohne einen Aspekt der Sonne* dagegen macht er in diesem Falle Schmiede oder Schiffsbauer, Zimmerleute und Tischler, Steinmetzen, Feilenmacher und Holzarbeiter.

Blickt ihn jedoch *Saturn* an, macht er Matrosen, Kanalarbeiter, Grubenbauer und Bergleute, Magistratsbeamte, Köche und Bademeister.

Im Aspekt mit *Jupiter* aber Militärpersonen, Diener, Steuerbeamte, Schenkwirte, Zolleinnehmer oder Briefträger und Kirchendiener.

Haben zwei Planeten gleich starken Einfluß auf den Beruf, so bewirken *Merkur* und *Venus* Komponisten und Musiker, Sänger, Dichter und Musiklehrer. Stehen sie jedoch in Vertauschung ihrer Würden, so bringen sie Schauspieler, Schriftsteller, Schminkhändler, Instrumentenmacher, Geigenbauer, Tänzer, Gewebehändler, Erzbildhauer und Kunstmaler hervor. Dazu ein gleichzeitiger Aspekt von *Saturn* läßt die gleichen Berufsarten ausüben, wie eben besprochen und den Handel mit kosmetischen Präparaten und Frauenschmuck, während ein gleichzeitiger Aspekt von *Jupiter* Richter, Wirtschaftspolitiker, Erzieher und Volksvertreter macht.

Merkur und Mars, den Beruf bestimmend, machen Bildgießer, Waffenschmiede, Bildhauer, Metallgießer, Ringkämpfer, Aerzte, Chirurgen, Staatsanwälte; und Betrüger, Spione, Fälscher. Bei gleichzeitigem Aspekt von *Saturn* Mörder, Landstreicher, Diebe, Straßenräuber, Viehstehler, Falschspieler. Bei gleichzeitigem Aspekt jedoch von *Jupiter* bringen sie fleißige Arbeiter hervor, Wagehälse oder auch Frechlinge, Verwegene, Aufdringliche, Leute, die sich in die Angelegenheiten anderer mischen und dabei profitieren.

Beherrschen aber Venus und Mars gleichzeitig den Beruf, so machen sie Färber, Salbenhändler, Werkblei-, Silber-, Blei- und Goldgießer, Schwerttänzer, Giftmischer und Giftbereiter. Bei gleichzeitigem Aspekt mit *Saturn* Tierwärter, Leichenträger, Leichenbitter, Begräbnissänger, auch religiöse Schwärmer, Flagellanten usw. Bei einem gleichzeitigen Aspekt mit *Jupiter* machen sie Kirchendiener, Weissager aus Eingeweiden, Chordiener, Sittenbeamte, Ehevermittler, auch Lüstlinge, die keine Gefahr scheuen.

Die Eigenschaften derjenigen Zeichen aber, in denen die Berufssignifikatoren ihren Stand haben, ergeben die spezielle Art des Berufes.

*Menschliche Zeichen* führen zur Kunst und den Wissenschaften, die für das Leben von allgemeinem Nutzen sind.

*Vierfüßige Zeichen* führen zu Berufen, die mit Metallen zusammenhängen, zum Handel, Bauhandwerk und Handwerk. *Aequinotial-* und *Solstitialzeichen* zur Alchemie, zur Uebersetzung, Geometrie, Ackerbau und zu religiösen Berufen. *Erd- und Wasserzeichen* dagegen zu Tätigkeiten, deren Ausübung durch das Wasser unterstützt wird, also zum Gartenbau, Schiffsbau, Friedhofsgärtner, Fischhandel und Gewürzzucht.

Wirft nun der *Mond* einen Aspekt auf die Berufssignifikatoren und verläßt dabei die Konjunktion mit *Merkur* im Stier, im Steinbock oder Krebs, so macht er Propheten und Seher, Priester und Zeichendeuter. Im Schützen und in den Fischen macht diese Konstellation Medien, die mit Toten und Naturgeistern in Verbindung stehen und die Zukunft vorauserfahren.

In der Jungfrau und im Skorpion Magier, Astrologen, Menschen, welche die Geheimwissenschaften pflegen und Zukünftiges vorauszusagen vermögen. In der Wage, Widder und im Löwen göttlich Inspirierte, Wahrträumer und Exorzisten.

Der endgültige Schluß über die genaue Art des Berufes wird auf diesen Grundlagen durch Verknüpfung sämtlicher Einflüsse gewonnen. Das Ansehen der Stellung dagegen verkünden die Würden, in denen die Berufssignifikatoren stehen.

Haben sie ihren Stand östlich oder in Eckhäusern, so werden diejenigen, die unter solcher Beeinflussung stehen, alle überragen, bei westlicher Stellung dagegen oder in fallenden Häusern geben sie untergeordnete Berufe.

Stehen Wohltäter in Elevation über den Berufssignifikatoren, so geben sie Größe, Macht, Ruhm, Reichtum, bewahren vor Schaden und Unglück und schenken vorteilhafte Begünstigung. Uebeltäter dagegen in Elevation über den Berufsplaneten geben einen niedrigen Beruf, ohne Würden und großen Gewinn, der mit Gefahren verknüpft ist.

Ist *Saturn* dabei noch im Aspekt, so gibt er einen Beruf, der jeder Witterung ausgesetzt ist und die Farbe der Haut verändert.

*Mars* dagegen mit im Aspekt macht Schwindler und ehrlose Berufe. Stehen sie jedoch beide zugleich mit im Aspekt, so geben sie ins Ungeheure anwachsende Wirrnisse im Berufsleben.

Die Zeit des Rückgangs oder des Fortschrittes im Berufe, der durch die Gestirne angezeigt wird, ergibt sich aus ihrer Stellung zum Aszendenten oder Deszendenten.

## Ueber die Ehe.

Der nächste Schritt führt uns zur Betrachtung der Ehe. Die Vorhersagen beziehen sich jedoch nur auf die gesetzmäßige Vereinigung zwischen Mann und Weib. *Bezüglich des männlichen Horoskopes dient zur Bestimmung der Gattin die Stellung des Mondes sowie seine Beeinflussung.* Steht er nämlich in den *östlichen Quadranten,* läßt er den Gatten entweder in sehr frühen Jahren sich ehelich verbinden, oder aber bestimmt ihm, nachdem er selbst das Reifealter erreicht hat, eine sehr junge Gattin. In den *westlichen Quadranten* stehend weist er auf einen späteren Eheschluß oder aber darauf hin, daß der Gatte eine bereits würdige und stattliche Gattin heimführen wird. Steht er bei einer solchen Stellung jedoch auch noch mit *Saturn* zusammen, so verneint er eine Ehe und läßt die Männer Junggesellen bleiben.

Ferner muß berücksichtigt werden, in was für einem Zeichen er sich aufhält. Steht er in einem einkörperlichen Zeichen oder nur mit einem Planeten im Aspekt, so bezeichnet er nur eine einzige Gattin. Besetzt er dagegen ein doppelkörperliches oder fruchtbares Zeichen oder aber ist mit mehreren Planeten eines solchen Zeichens durch Aspekt verbunden, verheißt er mehrere Gattinnen. Wenn ferner diejenigen Planeten, mit denen der Mond verbunden ist, entweder durch benachbarte Planeten oder infolge ihrer Art und ihrer Würden günstig beschaffen sind, so teilt er eine ehrenhafte Gattin, sind sie beschädigt, das Gegenteil davon zu.

Blickt *Saturn* den Mond an, so verspricht er finstere, ernste und arbeitsame Gattinnen, *Jupiter* dagegen tätige und ehrenhafte, besonders bei der Verwaltung des Haushalts, *Mars* heftige und widerspenstige, kapriziöse Gattinnen, *Venus* wohlgefällige, liebliche und heitere, *Merkur* kluge, geistreiche und im Charakter scharf ausgeprägte Ehegenossinnen. Ferner verleiht eine Verbindung dabei von *Venus* und *Jupiter,* oder *Saturns* mit *Merkur* eine gute Fähigkeit im Zubereiten der Speisen und der Gestaltung der Lebensweise, Liebe zum Ehegatten und den Kindern. Eine Verbindung mit *Mars* dagegen gibt zornmütige, unbeständige und veränderliche Gattinen.

*In der weiblichen Nativität muß für den Gatten die Sonne betrachtet werden.* Steht sie in den östlichen Quadranten, so zeigt sie an, daß diejenigen, bei denen sie so gestellt ist, entweder bereits in frühem Alter verlobt, oder aber nachdem ihre Jugend verblüht ist, von einem Jüngling in die Ehe geführt werden. Bei ihrem Stand in den westlichen Quadranten dagegen, daß sie sich entweder erst später verloben, oder nach der Blüte der Jugend einen würdigen Gatten erhalten. Und hält sich die Sonne in einem einkörperlichen Zeichen auf, oder steht sie im Aspekt mit irgendeinem Planeten, der am östlichen Horizont aufgeht, so deutet das auf einen einzigen Gatten. Steht sie in einem doppelt- oder mehrkörperlichen Zeichen, oder ist mit mehreren sich im Osten erhebenden Planeten verbunden, so schenkt sie mehrere Gatten.

*Saturn* mit der Sonne irgendwie verbunden, schenkt leidenschaftslose, mäßige, würdige und fleißige Gatten, *Jupiter* ehrenhafte und mit großer Seele begabte; *Mars* unternehmende, entschlossene, allgemeinen Verfassungen der Menschen widerstrebende Gatten, die weder Ordnung noch Gesetz vertragen. *Venus* gepflegte und schöne, *Merkur* solche, die gut für den Lebensunterhalt sorgen. *Venus* in Verbindung mit *Saturn* macht träge und für die ehelichen Gewohnheiten zu schwächliche Gatten, mit *Mars* hitzige und leidenschaftliche, sinnliche, welche die Ehe brechen; mit *Merkur* solche, die eine große Liebe zu ihren Kindern haben.

Unter östlichen Quadranten verstehen wir aber bezügl. der *Sonne* diejenigen beiden, welche dem Aszendenten und dem westlichen Winkel vorangehen, also das 10., 11., 12. und das 4., 5., 6. Haus; bezüglich des *Mondes* hingegen diejenigen beiden zwischen Neu- und Vollmond und den Quadraturen, d. h. den einen, in welchem der Mond nach seiner Zusammenkunft mit der Sonne bis zum Halbmond wächst, und den anderen, in welchem er vom Vollmond aus wieder bis zum Halbmond abnimmt. Unter westlichen Quadranten dagegen begreifen wir die ihnen vorliegenden.

*Fest* und *dauernd* aber werden die Ehen sein, wenn die Lichter aus den Nativitäten der Liebenden gegenseitig sich aspektieren, nämlich im Sextil oder Trigonalaspekt; und um so mehr in den Fällen, wo sie dabei irgendwie in wechselseitiger Vertauschung ihrer Würden stehen. Und das um so mehr, wenn dabei der *männliche Mond* und die *weibliche Sonne* sich also verhalten. *Gelöst* wird jedoch die Ehe werden durch irgendeine leichtsinnige Gelegenheit, und die Ehegatten verfallen geradezu einer gegenseitigen Entfremdung, wenn die erwähnten Lichter in ihrer Art nicht verwandten oder fremden oder ihren Gegenzeichen stehen und sich wechselseitig bestrahlen. Ferner, sind die Lichter, in verwandten Zeichen stehend, gegenseitig verbunden, und werden dabei durch irgendeinen Aspekt eines Wohltäters beglückt, so werden sie während des ganzen Lebens eine liebevolle Ehe, erfüllt mit gegenseitiger und beständiger Zuneigung, die ihnen beiden zum Vorteil gereichen wird, führen und zu erhalten vermögen. Bei Aspekten der Uebeltäter dagegen werden sie sowohl Zwietracht säen und auch Erbitterung und Unwahrhaftigkeit in die Gewohnheit ihrer Lebensführung hineintragen, die ihnen beiden zu Schaden und Trennung ausschlagen werden. Ebenso werden sie hingegen auch bei disharmonischem Stand der Lichter, wenn mit diesen die Wohltäter dabei aus ihren Würden heraus in Harmonie sich befinden, nicht ewig getrennt bleiben, sondern ihre Häßlichkeiten einander wieder gut machen, einer dem anderen verzeihen, und ein neues gemeinschaftliches Leben wieder beginnen. Die Uebeltäter dagegen in solchem Verhältnis zerreißen die Ehe und gewöhnlich durch Heftigkeit und Niedertracht. *Merkur* im Aspekt dabei trägt die Kunde von den Schmutzflecken der Ehe unter die Leute und führt gerichtliches Einschreiten oder richterliche Entscheidung herbei. Hat er außerdem noch eine Verbindung mit *Venus*, so bringt er Ehebruch oder auch den Versuch eines Gattenmordes durch Gift ans Licht.

Die übrigen Zwistigkeiten zwischen Ehegatten schließt man aus den Stellungen von

*Venus, Mars* und *Saturn*. Weisen diese irgendeine Uebereinstimmung mit den Lichtern auf, so bestimmen sie eine häusliche und gesetzgültige eheliche Verbindung, und diese Ehe wird sich danach gestalten, wie die Stellung und Beeinflussung der *Venus* gegenüber einem von diesen Planeten gefunden wird. In Verbindung mit *Mars* schenkt sie eine sehr junge Ehegattin. Die Erhöhungen eines Planeten ergeben sich in diesem Falle durch die wechselseitige Stellung des einen Gestirns im Trigon des anderen. Eine Verbindung mit *Saturn* gibt eine durch ihre Jahre würdigere Ehegattin, wenn der Stand des einen Planeten wechselseitig in die Trigonwürde des anderen fällt. Ebenso gibt eine Verbindung mit *Mars* ganz allein sehr erotische Naturen, deren Tun, wenn *Merkur* dabei hinzutritt, dieser an die Oeffentlichkeit bringt und den Leuten preisgibt. Diese zeigen auch, wenn sie sich beide aus gemeinschaftlich verwandten Zeichen gegenseitig aspektieren, wie Steinbock und Fische, illegitimes Verhältnis mit Geschwistern oder Blutsverwandten an. Und zwar in einer *männlichen* Nativität, sofern der *Mond* dabei auch noch im Spiele ist, mit zwei Schwestern oder Blutsverwandten, in einer *weiblichen* kennzeichnet es zwei Brüder oder Blutsverwandte, mit denen sie sich vereinigen, sofern *Jupiter* zu solcher Stellung hinzutritt.

*Venus,* mit *Saturn* im Aspekt, deutet auf ein liebeerfülltes und beständiges Leben in der Ehe. Ein hinzutretender Merkuraspekt verursacht ebenfalls Glück dabei. Mischt *Mars* jedoch sich hinein, so wird das Zusammenleben nicht von Dauer sein, erfüllt mit Schmach und Schaden, und die Ehegatten werden Zank und Streit miteinander haben aus Eifersucht und Mißgunst. Selbst wenn Mars durch glücklichen Aspekt oder aus entsprechenden Zeichen oder Häusern sich ihnen verbindet, verspricht er ähnliches. Wenn er dazu östlich von beiden steht, kündet er jüngere, steht er westlich von ihnen, ältere Gatten an. Besetzen *Venus* und *Saturn* nun Zeichen, die ihnen selbst oder aber wechselseitig verwandt sind, wie Steinbock und Wage, so verkündet dies Vereinigungen mit Blutsverwandten. Fallen sie bei solcher Stellung in den Aszendenten, oder in das Medium Coelum, und der *Mond* steht ihnen bei, so zeigt eine solche Stellung an, daß ungeratene Söhne mit den Müttern oder deren Schwestern oder den Stiefmüttern sich abgeben werden, derartige Weiber hingegen ihren Söhnen oder Stiefsöhnen oder den Gatten der Töchter Verkehr gestatten werden. Ist hingegen die Sonne die hinzutretende, und stehen die Planeten westlich, so werden Mannsleute sich ihren Töchtern oder Stieftöchtern blutschänderisch nähern oder ihrer Schnur, d. h. der Gattin ihres Sohnes, derartige

Weiber ebenso mit ihren Vätern oder Stiefvätern oder den Brüdern ihres Vaters es treiben.

Besetzt eine solche Zusammenstirnung aber weder verwandte noch ähnliche, sondern weibliche Zeichen, so entzünden die Planeten so im Geborenen die maßlosesten, niedrigsten Flammen der Begierde, und machen sie geneigt und bereit zu jeder Art des Verkehrs, sei es, daß sie sich tätig oder empfangend dabei bezeigen. In den Grenzen einiger Zeichen dagegen verleitet sie zu lasterhaftester Obszönität, und Faunhaftigkeit, wie in dem ersten und letzten Dekan des Widders (prope Succulas), den beiden letzten des Löwen, und dem mittleren des Steinbocks. Ferner: wenn sie sich bei solcher Stellung noch im Aszendenten stärken oder in der Himmelsmitte alle überragen, so geschieht es, daß die Erzeuger solcher Schandtaten selbst mit diesen sich brüsten und diese in Gesprächen ihren Angehörigen gegenüber breittreten. In den beiden übrigen Eckhäusern, im westlichen und dem Imum Coelum, werden sie die Ursachen von Castraten und Eunuchen oder führen Zeugungsunfähigkeit herbei, auch verschließen sie den Zeugungsgang des Penis. Tritt Mars dabei noch hinzu, so raubt er den Männern das Zeugungsorgan und macht aus den Frauen Zwitter. (τριβάδας)

Im allgemeinen kennzeichnet *Mars* die Art der geschlechtlichen Neigungen der *Männer*.

Steht er nämlich, von Venus und Saturn getrennt, im Aspekt Jupiters, so macht er Menschen, die anständig und die Treue bewahrend in der Ehe leben und keine unnatürlichen sexuellen Gebräuche verlangen. Mit *Saturn* allein verbunden macht er phlegmatisch und kühler in der Vereinigung. Mit *Venus* und *Jupiter* dagegen gegenseitig durch irgendeinen Aspekt verbunden, gibt er eine liebebereite und Liebe verlangende Anlage, doch dabei genügsam und mäßig und stets bedacht, sich vor Häßlichkeiten und schlechtem Ruf zu bewahren. Mit Venus allein jedoch, oder sofern auch Jupiter dabei sei, noch mit dem rückläufigen Saturn, bewirkt er laszive, begierdeerfüllte Gatten, die jede Gelegenheit, ihre Gelüste zu befriedigen, ergreifen. Und wenn von beiden Planeten der *eine abendlich* der *andere aber morgendlich* steht, so verursacht das eine Neigung zur Betätigung der Gelüste ohne Unterschied auf männliche und weibliche Weise, so daß sie allzu sehr nach beiden Seiten hin ihren Begierden unterworfen sind. *Beide* dagegen in *abendlicher* Stellung, zeigen eine brennende Begierde nach Vereinigung nur mit Frauen an. Wenn dabei die Planeten gleichzeitig in weiblichen Zeichen sich aufhalten, so kündigt das an, daß sie sich von diesen auf abstoßende Weise besudeln lassen werden. Sind hingegen beide *morgendlich* gestellt, so werden sie von der Liebe zu Männern ergriffen, und halten die Planeten dabei sich gleichzeitig in männlichen Zeichen auf, zu Männern jeden Alters ohne Unterschied. Steht endlich *Venus östlich,* so geben sie sich mit käuflichen Weibern oder Dienerinnen oder Fremden, ist eine solche Stellung des *Mars* vorhanden, mit höher gestellten Frauen oder ihren Hausherrinnen ab. *Bezüglich der Frauen* muß das Verhältnis, welches die *Venus* in der Nativität einnimmt, betrachtet werden. Ist sie mit *Jupiter und Merkur* zusammen gestirnt, so macht sie mäßig und kultiviert im Liebesverkehr. Bei einer alleinigen Verbindung mit *Merkur ohne Jupiter* macht sie zwar zur Liebe und geschlechtlichen Vereinigung sehr geneigt, jedoch dabei wahrheitsliebende und zum größten Teil seelisch sehr differenzierte Frauen, die das Laster fliehen. Steht sie mit *Mars* allein zusammen oder in Aspektverbindung mit ihm, bringt sie sehr geile und ihren Begierden verfallene, dabei aber träge Frauen hervor, auch, sofern zu ihnen noch Jupiter hinzutritt. Ist *Mars* von den Strahlen der Sonne verdeckt, so verführen sie Diener, geben sich mit käuflichen Männern oder Fremden ab. *Venus,* in den Strahlen der Sonne versunken, läßt sie zu Maitressen von Höhergestellten oder dem eigenen Hausherrn werden. Wenn dabei die Zeichen und also auch die Planeten weiblicher Natur sind, so haben sie ihre Freude daran, deren Leidenschaft zu empfangen, sind jedoch die Planeten männlich durch ihre Stellung beeinflußt, so zeigen sie Menschen an, die den anderen zur Liebe reizen und verführen. *Saturn* mit so gestellten Planeten durch Aspekt verbunden, und selbst in weiblichem Stand, ist der Verursacher des Lasters. Steht er östlich und männlich, so führt er in die Niedrigkeiten der Liebe und macht in außergewöhnlicher Weise verrufen. Jupiter dagegen beschwichtigt solche Anlagen und gleicht sie aus. *Merkur* trägt sie an die Oeffentlichkeit und in den Mund der Leute und macht durch das Bekanntwerden einer solchen Anlage verhaßt.

## Ueber die Kinder.

Nachdem ich angeführt habe, was alles für die Ehe in Betracht gezogen werden muß, bleibt uns noch, die Kinder zu besprechen. *Dafür sind die Planeten im Medium Coelum und dem folgenden Haus, dem der Name des Bonus daemon verliehen wurde, sowie ihre Bestrahlungen abzuwägen und zu Rate zu ziehen. Finden sich dort keine Planeten, so sind die im gegenüberliegenden fünften Hause befindlichen und diejenigen, welche in dieses Haus ihre Aspekte werfen, zu prüfen.*

Es bestimmen aber Kinder: *Mond, Jupiter und Venus.* Im Gegensatz dazu verneinen, raffen dahin oder vermindern die Zahl der Kinder *Sonne, Mars und Saturn. Merkur* dagegen paßt sich je nachdem denjenigen an, mit denen er körperlich oder durch Aspekt verbunden ist, sowohl in der Wirkung, als ebenso in seiner Art als Signifikator. Oestlich gestellt schenkt er ein Kind, westlich stehend raubt er es. Stehen die Planeten in einem einkörperlichen Zeichen, so versprechen sie ein einziges Kind, in doppelkörperlichen, weiblichen und fruchtbaren Zeichen wie Krebs, Skorpion und Fische dagegen Zwillinge oder eine noch größere Zahl. Erhalten sie durch das Zeichen, welches sie durchlaufen, männliche Bestimmung, so bestimmen sie Knaben, weiblich beeinflußt dagegen Mädchen. Stehen sie unter dem Zwange der Uebeltäter oder in einem unfruchtbaren Zeichen, wie Löwe und Jungfrau, zusammen, so erlauben sie allerdings ein Kind, welches jedoch *weder schön noch lebenskräftig sein wird.* Sonne und die Uebeltäter die Kinderhäuser besetzend, und entweder in männlichem oder unfruchtbarem Zeichen und durch eine günstige und glückliche Bestrahlung von den Wohltätern begütigt, versprechen zwar ebenfalls ein Kind, jedoch ein schwaches, ungesundes, das beständigen Anfällen unterworfen ist und nur ein kurzes Leben haben wird. Wenn

Planeten nach mehreren Wirkungsbedingungen bezüglich der Kinder irgendeine Beziehung zu dem Zeichen der Kinderhäuser haben, so zeigen sie die Geburten der versprochenen Kinder an, entweder aller oder vieler, oder weniger, je nach der Zahl der bezüglichen Planeten, ihrer Stärke, ihrer östlichen Stellung, ihrem Stand in den kräftigeren Eckhäusern oder den nachfolgenden, oder ihrer Elevation über die anderen.

Wenn die Beherrscher der Zeichen der Kinderhäuser *östlich* stehen, schenken sie solche. Weilen sie dabei auch noch in eigenen Zeichen, so werden sie ihnen einen erlauchten und berühmten Namen bereiten. Stehen sie jedoch *westlich* oder in Zeichen von ihnen fremder Art, so zeigen sie niedrige und unberühmte Kinder an. Stimmen sie ihrer Art nach mit mit dem Zeichen des Aszendenten oder dem des Glücksrades überein, so werden die Kinder von der Liebe der Eltern umgeben lieblich und anziehend heranwachsen und von ihren Eltern den Genuß einer Erbschaft hinterlassen erhalten. Widersprechen sie diesen Zeichen ihrer Art nach dagegen, oder bestehen diese aus ihren Gegenzeichen, so werden die Kinder sich mit ihnen herumstreiten, ihnen Schaden verursachen und werden des Erbrechts verlustig gehen. Bestrahlen die Planeten sich wechselseitig durch freundliche Aspekte, so teilen sie einträchtige Kinder zu, die in geschwisterlicher Liebe verbunden sind, wechselseitig und gemeinsam ihre Arbeiten und Pflichten erfüllen, und unverbrüchliches Wohlwollen gegeneinander pflegen und zu erhalten trachten. Stehen die Planeten jedoch in Disharmonie wie angegeben, oder greifen sich aus der Opposition oder durch irgendwelche feindlichen Aspekte an, so werden sie die Kinder zu gegenseitigem Haß und dem Streben anreizen, Feindschaft zwischen einander großzuziehen und sich wechselseitig nachzustellen.

Weitere Feinheiten vermag man im einzelnen zu erforschen und herauszufinden, wenn man einen kinderversprechenden Planeten in den Aufgang setzt,[20]) und auf Grund der übrigen Figuren, nicht anders, und der üblichen Art der Nativitätsauslegung eine umfassende Untersuchung anstellt.

## Ueber Freunde und Feinde.

Freundschaften und Feindschaften, sofern sie von tieferer Art und längerer Dauer sind, nennen wir die Gemeinschaft oder gegenseitigen Haß der Naturen. Weniger bedeutende und kurzfristige nennen wir Bekanntschaften und Zänkereien. Bezüglich der ausschlaggebenden

[20]) Seinen Ort zum Aszendenten macht. (D. Uebers.)

Ursachen eines gegenseitigen Wohlwollens oder einer Abneigung müssen wir die herrschenden Orte einer Nativität der Betrachtung unterziehen, *den Stand der Sonne, des Mondes, den Aszendenten und das Glücksrad.* Befinden sich diese in eigenen Zeichen oder wechselseitig vertauschten, sei es nun alle oder die Mehrzahl von ihnen, und stehen sie besonders vom Aszendenten nicht weiter denn 17 Grade ab, so werden die Freundschaften fest und unlöslich sein, ohne daß Ungerechtigkeiten sich in ihnen bemerkbar machen werden.

Befinden sie sich dagegen an solchen Orten, daß sie durch Aspekte nicht miteinander verbunden sind, oder aber sich befeinden, so wird es tägliche Feindseligkeiten und Unstimmigkeiten geben.

Befinden sich die Signifikatoren für Freundschaften oder Feindschaften in keiner der angegebenen Stellungen, stehen aber im Sextil oder Trigon zueinander, so wird Wohlwollen das Leben verschönen, nur in geringerem Grade. Quadrataspekte werden aber in den Fällen nur geringere Abneigungen hervorrufen, wie auch unter Freunden Mißverständnisse und Streit entstehen können, wenn die Uebeltäter in Applikation zu den Signifikatoren für Freundschaften treten.

Gleicherweise werden sich auch bei Feindschaften Zeiten der Ruhe und der Versöhnung einstellen, wenn die Signifikatoren einen wohltätigen Applikationsaspekt erhalten.

Nun gibt es aber drei Arten der Freundschaft, einmal, wenn Menschen aus Einsicht und Ueberlegung sich zusammenfinden, um einander mit Rat beizustehen, zum anderen aus Nützlichkeit, und endlich aus gemeinsamer Freude oder gemeinsamem Leid. Es treffen aber diese drei bei einer Freundschaft zusammen, wenn alle Planeten der betreffenden Orte, oder die Mehrzahl von ihnen, in Harmonie miteinander stehen. Ebenso werden alle Arten der Feindschaft zugleich vorhanden sein, wenn alle oder die Ueberzahl sich miteinander in Disharmonie befinden.

Stehen die *Lichter* harmonisch zueinander, so wird sich eine außerordentlich gute und feste Freundschaft, die auf Einsicht und Ueberlegung gegründet ist, im Leben ergeben. Die Lichter in Disharmonie dagegen ergibt eine Feindschaft erfüllt mit Verdorbenheit und Niedertracht.

Steht das *Glücksrad* harmonisch, so ist Nutzen die Ursache der Freundschaft.

Die harmonische Stellung des *Aszendenten* jedoch deutet darauf, daß eine Freundschaft aus Zuneigung geschlossen wird.

Dann müssen auch die Nativitäten gegenseitig verglichen werden, um zu sehen, ob in ihnen beiden Planeten in Erhöhung und ebenso Planeten in gegenseitigem Aspekt stehen.

Derjenige von den Freunden, in dessen Nativität die Signifikatoren in Exaltation sich befinden oder dieses betreffende Zeichen dem Aufgang nahe ist, übt den größten Einfluß auf die Freundschaft oder Feindschaft aus. Wo aber einige Planeten die des anderen glücklich bestrahlen, wird sich ein Nutzen durch gegenseitiges Wohltun ergeben, und eine größere Anpassung, die Mißverständnisse leichter ausgleicht.

Bei augenblicklichen Bekanntschaften und Zwietrachten muß man die Bewegungen der betreffenden Planeten in beiden Horoskopen wechselseitig zueinander betrachten, d. h. zu welcher Zeit der die Zeit ausmessende Freundschaftsplanet des einen Horoskopes zu dem des anderen gelangt. Dann entstehen kurze Freundschaften, laufen ihre kurze Zeit, bis sie sich wieder in nichts auflösen. Von längerer Dauer sind sie dagegen, wenn irgendein Planet, der im Aufgange begriffen ist, noch hinzutritt zu ihnen.

Entsprechen sich so *Saturn* und *Jupiter*, daß der eine an den Ort des anderen gelangt, so bewirken sie Freundschaften auf politischer Grundlage oder infolge des Ackerbaus oder durch Erbschaft.

*Saturn* und *Mars* so kennzeichnen absichtlich angezettelte Schlägereien und Nachstellungen.

*Saturn* und *Venus* eine Verbindung durch gegenseitige Verwandte; erkaltet jedoch schnell wieder.

*Saturn* und *Merkur* Bekanntschaften, vertrauten Umgang, geschäftliche Verbindung oder durch Vertrag, oder geheime Verbindungen.

*Jupiter* und *Mars* Kameradschaften bei Behörden oder anderen Regierungsstellen.

*Jupiter* und *Venus* Freundschaften zwischen öffentlichen Personen, welche geheimen Mysterien unterstehen oder Weissagung pflegen.

*Jupiter* und *Merkur* Unterhaltungen zum Zwecke des Studiums von Wissenschaft und Kunst.

*Mars* und *Venus* bringen Verbindungen zwischen Liebenden zustande, Ehebruch und sexuelle Annäherung, die jedoch sowohl Gefahren im Gefolge haben, als auch nur von kurzer Dauer sind.

*Mars* und *Merkur* bezeichnen Feindschaften, Niederträchtigkeiten und Hader, Klagen durch Briefe und Vergiftungsversuche.

*Venus* und *Merkur* lassen Bekanntschaften erfolgen aus Gründen der Kunstbetätigung, des Studiums, kaufmännischem Briefwechsel oder Frauen-Freundschaften.

*Gesellschaftlichen Aufstieg* und *Niedergang* bei kurzen Kameradschaften beurteilt man nach der Harmonie der vier besagten Hauptorte.

Denn wenn das Glücksrad oder die Lichter

in Eckhäusern stehen, so wird die Annäherung vornehm sein, befinden sich dagegen die Signifikatoren entfernt von diesen Häusern, wird die Freundschaft unbedeutender sein.

Wann aber gute Ereignisse, wann schlechte durch die Freunde bevorstehen, müssen wir wieder aus der Art der bezüglichen Gestirne ersehen.

## Ueber die Diener.

Eintracht oder Zwietracht zwischen Herr und Diener ersehen wir aus dem 12. Hause und dem Verhältnis der Gestirne dieses Hauses, sei es, daß sie sich in ihm befinden, oder in dem ihm entgegengesetzten, dem sechsten. Vorzüglich jedoch daraus, ob der Herr des Zeichens dieses Hauses mit dem Herrn der Nativität[21]) im Einklang oder in Disharmonie sich befindet.

## Ueber die Reisen und den Aufenthalt im Auslande.

Die Gegend, wohin Reisen unternommen werden, bestimmen wir aus der Stellung der Lichter, den Geburtsort dabei als Mittelpunkt nehmend, wenn möglich beider, *mehr*

[21]) worunter Ptolemaeus stets den Herrn des Zeichens am Aszendenten versteht. (D. Uebersetzer).

jedoch richten wir uns nach dem *Mond*. Denn am westlichen Horizonte oder in fallenden Häusern stehend, zeigt er Reisen und Ortswechsel an. Das gleiche verkündet *Mars*, wenn er im Untergange oder im neunten Hause sich befindet und mit den Lichtern in Opposition oder im Quadratschein steht.

Befindet sich aber auch noch das Glücksrad in einem Reisehause, so wird sich das ganze Leben, Verkehr und Unternehmungen im Auslande abspielen.

Bestrahlen die Wohltäter die Reisesignifikatoren oder steigen aufgehend zu ihnen hinauf, so werden ruhmvolle und glückliche Taten im Auslande die Folge sein, wie auch eine Rückkehr nach Vollendung des Unternehmens, und keine Hindernisse werden sich ihr entgegenstellen.

Aspektieren hingegen die Uebeltäter die Reisesignifikatoren, so werden sich Schwierigkeiten, Schaden und Gefahren auf der Reise einstellen. Auch hier wendet man bei der Untersuchung eine vernunftgemäße Vermischung der Einflüsse an, und den Reiseort bestimmt man nach der Herrschaft der Planeten, welche den Signifikator bestrahlen, wie wir es früher gezeigt haben.

Finden wir die Lichter in einem östlichen Quadranten, so wird die Reise gen Osten gehen, oder gen Süden. Stehen sie jedoch im westlichen oder direkt im Untergang, so wird die Reise gegen Norden oder Westen unternommen.

Ist das Zeichen, in welchem die Reisesignifikatoren sich befinden, ein einfaches, oder die herrschenden Gestirne gehören einfachen Zeichen an, so wird die Reise in Zwischenräumen, und nicht hintereinander zurückgelegt. Sind diese jedoch doppelkörperliche Zeichen, so werden ununterbrochene und lange Reisen unternommen.

*Jupiter* und *Venus* als Herren der bezüglichen Zeichen und Herren der Lichter versprechen sorg- und gefahrlose und ergiebige oder schöne Reisen in der Begleitung entweder des Verwalters der Landstriche, durch welche die Reise geht, oder im Kreise von Freunden. Auch werden gute Winde herrschen und Proviant in Hülle und Fülle vorhanden sein.

Gesellt sich *Merkur* mit seinen guten Aspekten zu diesen Signifikatoren, so wird Gelegenheit zu Nutzen, neuen Bekanntschaften und der Empfang von Geschenken damit verbunden sein.

Herrschen dagegen *Saturn* und *Mars* über die Lichter und hauptsächlich, wenn sie ihnen in Opposition gegenüberstehen, so zerstören sie das Glück, das sich während der Reise einstellt und verwickeln die Reisenden in große Gefahren. Stehen sie in *wässrigen* Zeichen, so zeigen sie unglückliche Seereisen oder eine Rückkehr durch unwegsame und verlassene Gegenden an.

In *festen* Zeichen Steinstürze aus der Höhe oder Stürme.

In den *Solstitial-* und den *Aequinoktialzeichen* Mangel an Proviant und Krankheiten.

In *menschlichen* Zeichen stehend Straßenraub, Ueberfall und Grausamkeiten, die erduldet werden müssen.

In *Erdzeichen* Verwundungen durch wilde Tiere und Erdbeben.. Und wenn zugleich *Merkur* dabei verbunden ist, so werden Gefahren durch Gewitter, gefährliche Anschuldigungen, durch Schlangen und vergiftete Pfeile sich einstellen. Man schließt aber die *Art der Ereignisse,* mögen sie glücklich oder unglücklich sein, aus der Verschiedenheit der Verursacher der Reise, aus den Häusern, über die sie herrschen aus den Orten der Schicksalsmöglichkeiten oder denen des Körpers selbst oder dem der Ehre und des Ansehens, je nachdem über welche sie gerade die Herrschaft einnehmen.

Zu welchen Zeitpunkten jedoch diese Ereignisse eintreffen werden, wird berechnet auf Grund der Zeit, in welcher ein Planet die Verkünder dieser Ereignisse erreicht.

Die Art dieser Rechnung habe ich bereits an früherer Stelle kurz auseinandergesetzt und umrissen.

## Ueber die Art des Todes.

Weiter haben wir die Art des Todes zu betrachten, für welche unsere früher angeführte Lehre über die Länge des Lebens wieder angezogen werden muß, ob nämlich der Tod durch die Wirkung eines Aspektes eintritt, oder durch den Niedergang des Signifikators zum Deszendenten.

*Erfolgt nämlich der Tod auf Grund eines Aspektes, oder des Erreichens eines solchen,*[22]*) so befragen wir über die Art des Todes die Stelle, wo dieses Zusammentreffen stattfindet. Wenn jedoch das Niedergehen des Lebensverlängerers zum Deszendenten der Anlaß des Todes ist, so wird der Deszendent selbst der Untersuchung unterzogen.*

Denn je nach der Natur der Gestirne, die an diesen Orten sich befinden, oder, wenn sie ihren Stand nicht dort haben, als erste aufgehen[23]), werden sie auch einen demgemäß gestalteten Tod herbeiführen; wie also die Planeten der Art ihrer Natur nach das Ereignis variieren, ebenso die Aspekte, welche sie erhalten, die Art des Lebensvernichters selbst

---

[22]) *Bei den geführten Direktionen in Mundo pag. 167ff. (Der Uebersetzer).*

[23]) Für den zweiten Fall, da sie dabei in die Opposition zum Deszendenten kommen. (Der Uebersetzer.)

und schließlich der dem Leben zugemessene Umkreis auf Grund des Zodiakzeichens.

*Saturn* als Herrscher führt den Tod durch langwierige Krankheiten herbei, durch Schwindsucht oder Auszehrung, Katharre, faule Fieber, Zerstörung der Milz, Wassersucht, innerliche Verhärtungen, oder Leiden des Mutterschoßes und andere Krankheiten, die aus schweren Erkältungsursachen entstehen.

*Jupiter* zeigt einen Tod durch Rachenbräune an, durch Lungengeschwüre, Schlagfluß, Krämpfe, Kopfleiden, Krankheitsanfälle der Mündung des Magens und solche, welche in schwerem Asthma oder faulem Atem ihre Ursache finden.

*Mars* führt den Tod herbei durch ununterbrochenes Fieber oder eine Reihe von Fieberanfällen, plötzliche Stiche, Verstopfung der Nieren, Blutspeien, innerliche Blutungen, Abortus, unglückliche Geburt, Karbunkel und gewaltsamen Tod, schließlich durch alles, was Entzündungen und Fieberursachen bildet.

*Venus* tötet durch Magen- und Leberkrankheiten, Kinnflechten, Ruhr, Krebskrankheiten, Fisteln und Vergiftung, kurz durch Ueberfluß oder Verdorbenheit des Blutes.

*Merkur* endet das Leben durch Tobsucht, Geistesverwirrungen, durch Delirien auf Grund von Gallensteinleiden, Epilepsie, Hustenanfälle, Engbrüstigkeit, Atembeklemmung, und Krankheiten, die aus übermäßiger Trockenheit und demzufolge Verfall des Körpers entstehen.

Eines *natürlichen Todes* sterben aber diejenigen, deren Lebensfaden abgerollt ist, wenn die Gestirne, welche die Herrschaft über den Tod haben, sich in eigenen Zeichen oder Würden aufhalten, nicht beschädigt sind durch Uebeltäter, sondern über solchen in Elevation stehen, welche schwerere Verletzungen oder Krankheiten herbeiführen und einen besonders gearteten Tod verursachen können.

Ein *gewaltsamer* und *besonderer Tod* wird das Leben endigen, wofern beide Uebeltäter die Herren über die Lichter sind, und dabei entweder in Konjunktion stehen, oder sich gegenseitig im Quadrat oder aus der Opposition bestrahlen, oder schließlich, wenn einer von ihnen oder beide dabei die Sonne oder den Mond angreifen. Die Art eines solchen Todes zeigen ihre Verbindungen an, einen ruhmvollen Tod in Würden dagegen die Lichter. Weiter ist die Art des Todes noch zu beurteilen nach der Bestrahlung der anderen Planeten und nach den Zeichen, in denen die Uebeltäter ihren Stand haben.

*Saturn* nämlich in solcher Stellung, das Leben durch einen Quadrat- oder Oppositionsaspekt zur Sonne bedrohend, tötet, wenn er in festen Zeichen steht, im Getümmel, oder durch

Rachenbräune oder durch Ersticken oder Erwürgen.

Das gleiche droht Saturn, wenn ihm im Untergang der Mond folgt. Steht er dabei in Tierzeichen, so deutet er auf Zerfleischung durch Bestien.

Und blickt ein beschädigter *Jupiter* Saturn an, so wird der Geborene wilden Tieren bei einer Zusammenrottung des Pöbels zu deren Ergötzen vorgeworfen[24]).

Steht Saturn dagegen in Opposition zu einem der Lichter, wenn dieses im Aszendenten im Aufgang begriffen ist, so kündet er Tod im Kerker.

Blickt *Merkur* Saturn an, besonders in der Gegend der Schlange oder der Umgebung von Tiersternbildern, so zeigt das einen Tod durch giftige Tiere an.

Steht *Venus* jedoch dabei, so kündet dies Vergiftung und Nachstellung durch Frauen.

Blickt der *Mond*, in der Jungfrau oder den Fischen oder einem Wasserzeichen stehend, Saturn an, so läßt er den Geborenen den Tod in den Wellen finden. In der Gegend des Argonautenschiffes stehend, kündet er Schiffbrüche.

---

[24]) bezieht sich auch auf den Tod von Stierkämpfern und Dompteuren (in spectaculo). (D. Uebersetzer).

Die *Sonne* und *Saturn* beide in einem Solstitialzeichen stehend, in Konjunktion oder Opposition, oder *Mars* der Sonne in Opposition gegenüberstehend, zeigt an, daß der Geborene bei dem Einsturz eines Gebäudes erdrückt werden wird.

Halten diese Planeten aber das Medium coeli besetzt, so stürzt er jählings von einer steilen Höhe herab.

*Mars,* wofern er die Sonne unglücklich oder den Mond im Quadrat oder aus der Opposition bestrahlt, kündet, im menschlichen Zeichen stehend, einen Tod bei einem Volksaufstand oder durch Feindeshand oder Selbstmord. Wenn *Venus* dabei mit Mars im Aspekt steht, so zeigt das an, daß Frauen entweder eine Todesursache unterstützen oder selbst Hand an den Geborenen legen werden. Blickt *Merkur* Mars an, so findet der Geborene den Tod durch Piraten, oder Straßenräuber oder Wegelagerer.

In Zeichen, die auf eine Verstümmelung hindeuten, oder deren Figuren unvollkommen sind, wie in der Gegend des *Hauptes der Meduse,* stehend, zeigt Mars Enthauptungen an, oder Verstümmelung der Glieder.

Im *Skorpion* oder *Zentauren* bezeichnet er Tod durch Brandwunden oder während einer Operation oder eines Krampfanfalles.

Hält *Mars* den *oberen* oder *unteren Meridian*

besetzt, so verkündet er den Tod am Galgen, besonders wenn er sich beim Cepheus oder der Andromeda aufhält.

*Untergehend* in Opposition zum Aszendenten veranlaßt er Verbrennen bei lebendigem Leibe.

Steht er in *Tierzeichen,* so deutet das auf einen Tod durch einen Fehltritt oder Verschleppung.

Wenn *Jupiter* Mars anblickt, so ereilt den Geborenen ein außergewöhnlicher Tod, entweder durch das Gericht, oder durch den Zorn von Heerführern oder Königen.

Und finden sich die Uebeltäter an tödlichen Orten in Konjunktion oder Opposition, so geben sie der Todesart eine größere Heftigkeit, je nach der Art desjenigen, welcher sich an solcher Stelle befindet. Und doppelt schwer wird das Unglück sein, entweder seiner Art nach oder seinem Umfange, wenn beide Uebeltäter ein Verhältnis zum Todeshause aufweisen.

Unter solchen Aspekten Gestorbene bleiben entweder unbestattet, oder werden von wilden Tieren oder Vögeln zerfetzt, wenn die Uebeltäter dabei in Tierzeichen stehen und kein Wohltäter bestrahlt den Todesort. Im Auslande sterben werden aber diejenigen, bei denen die Todesplaneten an den Platz der Reisesignifikatoren gelangen; besonders, wenn der Mond sich dort befindet oder jenen Platz im Quadrat oder aus der Opposition bestrahlt.

## Ueber die Zeiteinteilung des Lebens.

Nachdem wir schließlich alle die einzelnen Teile für die Betrachtung herangezogen haben, welche über den Körper, die Seele und das Geschick Auskunft geben, in der am Anfange festgelegten Reihenfolge, nach welcher jede einzelne Untersuchung nach ihren bedeutendsten und umfassendsten Teilen abgehandelt wurde, so bleibt uns am Ende noch die Betrachtung über die Einteilung des Lebens anzufügen, wie sie der natürlichen Logik und unseren früheren Lehren entspricht.

Denn wie bei allen Voraussagen das allgemeine Geschick als bedeutender gegenüber den Einzelheiten des Lebens anzusehen ist, so ist stets die Gegend zu beachten, für welche die vielen Einzelzüge eines Lebens beurteilt werden sollen, nämlich im Hinblick auf Körpergestalt, Sitte und die Verschiedenartigkeiten der Gesetze. Und bei einer Untersuchung, die den natürlichen Verhältnissen entsprechen soll, zieht man stets die Momente, welche den allgemeinen und stärkeren Einfluß ausüben, vor, damit man, verführt durch die Aehnlichkeit von Nativitäten, nicht etwa über die Gestalt aussagt, daß ein äthiopisches Kind eine weiße Hautfarbe, oder eine gefällige und schlichte Haartracht habe, oder ein Germane schwarzes, gekräuseltes Haar bekommen werde. Oder daß ein solcher friedsam aufwachsen, die Künste und das Theater lieben werde, dagegen von einem Griechen prognostizieren, daß er wild und unkultiviert sei; noch auch, daß man sich andererseits nicht in den Gesetzen und den Lebensgewohnheiten der Völker irrt, wie wenn jemand einem Italiener voraussagte, daß er sich mit seiner Schwester verheiraten werde, was in Aegypten dagegen üblich ist; oder einem Aegypter die Ehe mit seiner Mutter, was dagegen bei den Persern gebräuchlich ist. Und endlich müssen stets die allgemeinen Züge vorangestellt werden, und darauf erst die Einzelheiten des Lebens unter größerer oder geringerer Anpassung an diese zur Abhandlung kommen.

In gleicher Weise müssen die Ereignisse bezüglich der Zeitabschnitte des Lebens den verschiedenen Altersstufen angepaßt werden, damit wir nicht als gedankenlose Schwätzer einem Kinde große Taten oder Heiraten oder irgend etwas, das einem höheren Alter entspricht, zuprognostizieren, oder einem eben erst geborenen Kinde Möglichkeiten eines sechsjährigen, oder etwas, was dem Jünglingsalter zukommt. Sondern wir werden bezüglich der Zeit stets den Altersstufen das Harmonierende und Mögliche anpassen.

Eine einzige Regel der Untersuchung der allgemeinen menschlichen Natur nur ist dabei anzuwenden, welche sich aus der Ordnung der

Planeten ergibt, anfangend vom frühesten Alter und dem uns nächsten Kreislauf, nämlich dem des *Mondes,* und aufhörend an der Grenze des Lebens und dem fernen Planetenkreis des Saturn.

So fallen auch in jedes Alter solche Ereignisse, die mit der Natur des betreffenden Planeten harmonieren, die also erst ganz allgemein beurteilt werden müssen; und die einzelnen Unterschiedlichkeiten ersehen wir dann aus den aufgefundenen Eigentümlichkeiten der betreffenden Nativität.

*Die ersten vier Lebensjahre* lang beherrscht der Mond gemäß seiner eigenen vierwöchentlichen Periode das kindliche Leben und regiert die Säfte und ihre Bewegung im Körper, die Schnelligkeit des Wachstums, die flüssige Nahrung, die Launenhaftigkeit der Seele, und die schwache Kraft der derzeitigen Verstandestätigkeit seiner natürlichen Art und Wirkungsweise gemäß.

*Das dann folgende Jahrzehnt* des Kindesalters regiert *Merkur,* gemäß der Hälfte der zwanzig Jahre, während welcher er den Verstand ausbildet und formt, damit der Same der Wissenschaften eingepflanzt, die Eigenheiten der Seele und der geistigen Bestrebungen ins Auge gefaßt werden, die Vernunft durch Belehrung, Aneignung und die ersten Uebungen geweckt werden kann.

*Die dritte Altersstufe*, die Jugendjahre regiert Venus, während der folgenden acht Jahre, welche Zahl ihrem Umlauf in Monaten gerechnet entspricht. Es beginnen dann die Samengänge ihre Regungen zu entfalten zur Erfüllung ihrer Bestimmung, und der Geschlechtstrieb sein Verlangen geltend zu machen. In dieser Zeit machen sich die stärksten Reize und Flammen der Libido bemerkbar; Liebe, Irrtum und Unbedachtsamkeit in dem allen, was die Sinne wahrnehmen.

*Die vierte und mittlere Altersstufe der Jugend* regiert die *Sonne*, die die Mitte der Sphäre besetzt hält, und werden von ihr 19 Jahre regiert. Sie verleiht der Seele etwas Gebieterisches, Autorität und Würde im Tun, das Verlangen nach Ruhm und einer geachteten Stellung und verursacht den Uebergang von dem Spiel mit dem Leben und der Regellosigkeit der inneren Anschauung, den anhaftenden Unvollkommenheiten zur Ernsthaftigkeit, Gemessenheit und dem Verlangen nach Ehrung.

*Die fünfte, die männliche Altersstufe* regiert *Mars* fünfzehn Jahre lang, seiner Periode gemäß und verleiht der Seele mehr Schärfe und Energie, mehr Ausdauer in der Arbeit, erfüllt das Gemüt und den Körper mit Sorge und Anstrengungen und weckt in den Sinnen die Ueberlegung, daß er mit dem jetzt erreichten Alter auf der Höhe seiner Leistungsfähigkeit angelangt ist, was ihn anfeuert in seiner Arbeit, etwas des Nachruhms Wertes zu vollbringen, bevor das Lebensende sich nähert.

*Als sechster* regiert *Jupiter* die Stufe des Alters während zwölf Jahre, seinem Umlauf entsprechend, und ruft Abneigung gegen das Arbeiten der eigenen Hand hervor, macht schwierig im Umgang, voller Beschwerden und Gefährlichkeiten für das Leben, und verleiht Würde, und Vorsorge bezüglich der Zukunft, Liebe zu den Nachkommen, Genauigkeit in der Annahme von Ratschlägen, Gewissenhaftigkeit im Erteilen derselben und im Ermahnen, macht sorgsam auf Ehre und Lob sehend, freisinnig in der Denkart, Ehrerbietung heischend und ehrwürdig.

*Der letzte* Regent ist *Saturn*, welchem das äußerste Greisenalter untersteht, wenn bereits durch allzugroßen Mangel der Lebenswärme die Bewegung des Körpers und der Seele behindert ist, so der Mut, das Vergnügen an Speisen, und die Sinnenlust. Wenn dann der Körper, nachdem er seine Spannkraft eingebüßt hat, ermattet und dörrt, stellt sich ein mürrisches Benehmen ein, und leicht ist eine Beleidigung empfunden bei dem wunderlichen, grämlichen Wesen, infolge der Hinfälligkeit, die diesem Alter zu eigen ist. Das sind die Unterscheidungen der Altersstufen bei der Betrachtung der Nativität.

Die Festlegung der Einzelheiten jedoch erfolgt nun aus der Nativität selber im Sinne der eben gegebenen Altersstufen und ihrer Wirkungsweise, auf Grund der Aspekte schießenden Planeten, wie im Abschnitt über die Länge des Lebens angegeben wurde. Berechnet muß nämlich werden, wann der Signifikator einen solchen Planeten erreicht.

Aus dem *Aszendenten* urteilt man,[25]) über den *Gesundheitszustand* und auch über *Reisen.*

Ueber das *Geschick* aus dem *Glücksrad.* Aus der Stellung des *Mondes* über die Sitten der Seele und den Umgang. Aus dem der *Sonne* über Würden und Ruhm. Und aus dem Medium Coelum über die übrigen Unternehmungen im Leben, über Freundschaften und die Geburten von Kindern.

Denn es wird nie nur ein Wohltäter allein eine Direktion formen zu einer Zeit, wenn eine Reihe widersprechender Ereignisse zugleich erfolgen.

Wie, wenn jemand durch den Tod eines Verwandten in den Genuß einer Erbschaft gelangt, oder zu einer Zeit, da er krank ist, zu einer Würde erhoben wird, oder ihm zu einer Zeit geschäftlichen Stillstandes Kinder geboren würden, oder anderes. Andererseits werden sich zur gleichen Zeit nicht nur glückliche oder nur unglückliche Begebenheiten für den Körper, die Seele, das Geschick, die Würde in bezug auf Freunde oder Feinde einstellen, sondern vielleicht irgendein solches Ereignis,

[25]) Also bei Direktionen. (Der Uebersetzer.)

das im großen Ganzen glücklich oder unglücklich genannt werden muß, wenn zum Beispiel die Wohltäter sämtlich die bezüglichen Aspektorte erreichen, oder im Gegensatz dazu die Uebeltäter. Dies wird aber selten geschehen, weil die schwache menschliche Natur sich für allein eine extreme Seite nicht zu entscheiden vermag, sondern zur Mischung des Guten und Uebeln geneigt ist.

Als Signifikatoren nehmen wir in der angeführten Weise die Gestirne, die auf Aspektstellen zulaufen; ebenso gebrauchen wir nicht nur die Lebensvernichter als Promissoren, sondern alle nach jeder Beziehung hin. Nicht nur in der Konjunktion, sondern auch ihre Opposition ihre Quadraturen ebenso wie ihre Sextil- und Trigonstellen.

Und zuerst wird für die *Berechnung der Zeitbestimmung* eines Ereignisses jener Planet gewählt, welcher entweder den bezüglichen Ort besetzt hält oder ihn aspektiert.

Ist ein solcher Planet jedoch nicht vorhanden, so wählen wir den Planeten, der dem Aufgange am nächsten ist, suchen wir weiter, so gehen wir die Grade in der Folge der Tierkreiszeichen durch bis wir zu dem nächstfolgenden gelangen.

Diesem teilen wir seine Zeit zu, bis wir wieder zu einem folgenden kommen und so fort.

Und zugleich nehmen wir diejenigen

Planeten zu Hilfe, welche in ihren eigenen Grenzen stehen, sofern sie so angeordnet sind.

Wird jedoch die Ereignisbestimmung durch den Aszendenten gewonnen, so werden die Jahre nach der Länge des Direktionsbogens bestimmt, unter Berücksichtigung der dem Breitengrade der betreffenden Gegend entsprechenden Aufsteigung. In den Fällen, wo sie durch das Medium Coelum bestimmt werden, werden die Jahre nach gerader Aufsteigung berechnet. Und auf eben die gleiche Rechnungsweise werden die Jahre bis zu einem Eckhaus in den entsprechenden Auf- oder Absteigungen oder bei ihrem Durchgang durch den Meridian errechnet, wie wir das früher bei der Berechnung der Lebenslänge gezeigt haben.

Es werden also die vorzüglichsten und allgemeinen Zeitmesser der Ereignisse auf die vorerwähnte Weise festgestellt. Die Reihenfolge der Jahre setzen wir jedoch so fest, daß wir vom Zeitmesser aus, dem Aufgang der Zeichen entsprechend, die Jahre zählen und jedem einzelnen Grade ein Jahr zuordnen und so bis zu dem letzten, der im Hinblick auf die errechnete Lebenslänge in Betracht kommt. Ebenso verfahren wir bei der Bestimmung der Monate eines solchen Jahres, indem wir die Zahl der Monate in der Nativität abzählen, ausgehend von dem Planeten oder Ort, durch den die Zahl des betreffenden Jahres errechnet wurde, und teilen dem einzelnen Zeichen je 28 Tage zu. Und in der gleichen Weise zählen wir den Monatstag, vom Geburtstage ausgehend, indem wir jedem Zeichen $2^1/_2$ Tag zuerteilen.

Große Aufmerksamkeit muß auch darauf genommen werden, welche Gestirne am kräftigsten die Hauptorte der Nativität im Transit überschreiten. Denn diese Transite tragen nicht wenig zur Bestimmung der Zeit eines Ereignisses bei. Bezüglich ihres Laufes über die Hauptorte bestimmen *Saturn* und *Jupiter* die *Jahre, Mars, Sonne, Venus* und *Merkur* die *Monate,* die Transite des *Mondes* die *Tage.* Geachtet muß auch darauf werden, was die Hauptzeitmesser besonders an Ereignissen hervorbringen, und ob die speziellen Zeitmesser diese Wirkungen unterstützen oder hindern. Denn die Transite der Gestirne bringen sowohl Ereignisse hervor, als auch geben sie ihnen die Richtung, oder lösen und mindern die Auswirkung. Im allgemeinen zeigen der Ort des Promissors und der Herr über den allgemeinen Lebensabschnitt die Art und die Dauer eines Ereignisses, unter Berücksichtigung der Grenzen, in welchen sie stehen, an. Es besetzen nämlich einzelne Gestirne im Laufe ihres Ganges durch den Tierkreis wieder Orte, die mit diesen, welche sie bei der Geburt eingenommen hatten, in Einklang stehen. Und ob nun glückliche oder ungünstige Ereignisse sich ergeben, entnehmen wir einmal aus der natürlichen, und zweitens durch ihre neue Stellung beeinflußten guten oder ungünstigen Wirkung der zeitmessenden Planeten, ebenso wie aus ihrer Harmonie oder Disharmonie bezüglich der Stellung, welche sie zuerst besetzt gehalten hatten.

Zu welcher Zeit die Wirkung der bestimmenden Planeten sich besonders zeigen wird, erkennen wir aus der Zusammenstellung der Jahres- und Monatszeichen bezüglich der Plätze, die die Ursache eines Ereignisses sind, ebenso wie aus dem Verhältnis zu den Jahres- und Monatszeichen, durch die die Planeten im Transit laufen, von denen Sonne und Mond die gleiche Wirkung haben. Wenn nämlich in der ursprünglichen Nativität eine harmonische Bestrahlung zwischen Planeten und den Orten, welche sie anblicken, bestand, und es ergibt sich später im Transit ein gleicher Aspekt, so ist das gut nach der angezeigten Richtung. Bestand aber kein harmonischer Aspekt ursprünglich zwischen diesen Orten, sondern bestand eine feindliche Bestrahlung und der Planet geht im Transit über das Quadrat oder die Opposition zu diesem Platze, so werden sie ein ungünstiges Ereignis herbeiführen, auch wenn durch die anderen Transite nichts ähnliches angezeigt ist.

Stehen die bestimmenden Planeten, sowohl

die der Direktionen als auch der Transite so, daß sie nichts besonderes oder mittelmäßiges Gutes oder Böses anzeigen, und dies um so mehr, wenn sie nicht allein als Zeitmesser, sondern auch bei ihrer Herrschaft in der ursprünglichen Nativität selbst dies ebenso wenig taten, so werden sie eine Mischung von Gutem und Bösem verursachen, die das Ereignis färbt. Ein durchaus glückliches Ereignis wird sich dann einstellen, wenn ein und derselbe Ort in alle oder die Mehrzahl der gleichen Zeitabstände fällt, oder wenn es mehrere Orte sind, auf die zu gleicher Zeit alle oder die Mehrzahl der Wohltäter zulaufen. Im entsprechenden Sinne ist dies auch mit den Uebeltätern der Fall. Dies alles, was ich hier über die Bestimmung der Zeiten ausgeführt habe, möge nun genügen. Die Art der Ereignisse dieser Zeiten habe ich nicht berührt, weil sie, auch nach unserer vorgesetzten Betrachtungsordnung, auf Grund der Kenntnis der allgemeinen Wirkungen der Gestirne, den speziellen zeitlichen Auswirkungen in entsprechender Weise angepaßt werden kann, indem mit dem mathematischen Rechnungsergebnis die Art und Weise unserer früheren Vermischung mehrerer Einflüsse verbunden wird.

Finis

# Philipp Melanchthon

## grüßt den hochwürdigen durch seine Weisheit und Tugend hervorragenden Erasmus Ebner, Senator der tugendreichen Stadt Nürnberg.

*Es dürfte nichts mit größerem Rechte zu behaupten sein, als dieses, daß Weisheit und Wissenschaft, die der Einsichtigen Wagschale sind für Edles und Unedles, Gesundes und Ungesundes, beredtestes Zeugnis ablegen für das göttliche Wesen und die Vorsehung. Darum sollen die Wissenschaften geehrt werden, nicht allein um des Nutzens willen, den sie in das menschliche Leben bringen, sondern auch, weil sie uns das Dasein Gottes zu beweisen vermögen und uns sein Wesen erkennen lassen, welches von Natur aus weise, wahrhaftig, wohlwollend, uneigennützig ist, Frevel und Verbrechen rächt, der Menschen Leben schützt und seine Hut über die ehrwürdigen Gesetze der Menschlichkeit sorgend ausgebreitet hält. Darum hat Plato in so schöner Weise gesagt, daß wir Gott auf die vielfältigste und lieblichste Art in den Wissenschaften wiederfinden können. Wie aber Gott dem Menschengeschlechte die Wissenschaften gegeben hat, so bewahrt er sie auch in seiner*

*Schöpfung auf wunderbare Weise, damit ihre Farben durch noch so viele Umwälzungen weltlicher Herrschaft nicht zum Erlöschen gebracht werden sollen. Das Altertum besaß die Wissenschaft von den Wirkungen der Gestirne, die zweifellos auf das sorgfältigste aus den allerältesten Beobachtungen gewonnen war, und besaß eine gleich sorgfältige Geschichtsschreibung seit den frühesten Reichen. Als jedoch in Aegypten sarazenisches Barbarentum sowohl die Alexandrinische Akademie, als auch infolgedessen die Früchte der wissenschaftlichen Bemühungen vernichtete, gingen uralte Urkunden und Zeugnisse zugrunde. Die gesamte Wissenschaft der Astrologie, die damals in den vielfältigsten einzelnen Schriftrollen sich verstreut fand, wäre der Vergessenheit verfallen, wenn nicht kurz vor dem Einbruch der Sarazenen Ptolemaeus diese ganze Wissenschaft in einem Bande zusammengezogen hätte. Diesen Gelehrten hatte Gott aufgerufen, die zerstreute Weisheit zu sammeln. Denn dieser eine Band konnte aus der Feuersbrunst der Bibliotheken gerettet werden und von ihm durch den Eifer und die Mittel einzelner Privatleute Abschriften hergestellt werden, und auf solche Weise war es möglich, späteren Geschlechtern sie zu überliefern. Darum wollen wir die Güte Gottes anerkennen und verehren, denn er hat die Wissenschaft den Menschen nicht nur gegeben, sondern sie ihnen auch erhalten. Der Erinnerung an Ptolemaeus aber, dessen Geist Gott entflammt hatte, diese wertvolle Arbeit zu unternehmen, wollen wir uns freuen. Denn dieses eine steht fest: Wertvoll und wahrhaftig ist die Wissenschaft der Astrologie, eine Krone ist sie des Menschengeschlechtes und ihre ganze ehrwürdige Weisheit ein Zeugnis Gottes. Dieser Schriftsteller hat die Ueberreste alter göttlicher Weisheit, die aus der Stellung der Gestirne die Anlagen der menschlichen Seele und alle ihre Folgen bestimmt, in einem kleinen Bande zusammengefaßt, den wir aus solchen Gründen studieren und uns zum Nutzen erhalten sollen, damit wir durch ihn zu erkennen vermögen, was in dieser Wissenschaft wirklich alte Erkenntnis ist, und in Bescheidenheit aus den natürlichen Ursachen die vielen Bedeutungen für das Leben erschließen können. Wenngleich nun hierdurch keine Disputation über die Kräfte der Gestirne veranlaßt werden soll, zumal Ptolemaeus selbst am Beginn seiner Bücher die Gespräche der Zyklopen zurückweist, in welchen diese ganze Wissenschaft mit wahrhaft wütendem Eifer lächerlich gemacht wird, so weist er dennoch durch offenbares Zeugnis nach, daß es ein anderes sei um die Kraft eines Lichtes in der bewegten Luft als in den Anlagen unserer menschlichen Körper. Und Sitte und Gewohnheit sind die Folgen dieser vielen Beeinflussungen. Obwohl nun auch nicht alle Begebenheiten und Ereignisse durch die menschlichen Anlagen herbeigeführt werden, noch auch uns sämtliche Bedeutungen bekannt sind, so ist dennoch dieser Teil, welcher die Bedeutung aus den natürlichen Ursachen berechnen läßt, wie klein er immerhin auch sein mag, für viele Zweige des menschlichen Lebens von Wert und Nutzen. Krankheiten können mit Sorgfalt vermieden oder gemildert werden, so Du die Anlagen eines Körpers richtig erkennst; auch kann man den Ereignissen ruhiger folgen, so Jemand die Gefahren vorauserkennend, die Angriffe und Schläge eines dunklen Schicksals zurückdrängen kann. Auch nicht die kleinste Pflanze wird zufällig geboren, die nicht ihre Bestimmung zu manchem Gebrauch und Nutzen aus göttlichem Ratschluß erhalten hat, so können heimliche Krankheiten durch ganz gewöhnliche Mittel vertrieben werden. Seien wir daher der Ueberzeugung, daß jene herrlichen Körper die mit solcher Weisheit erschafft, als auch in ihren Bewegungen nach ehernen Gesetzen geordnet sind, ebenfalls ihre Auswirkungen haben müssen.*

*Und es ist diese Uebereinstimmung des Oberen und des Unteren selbst wiederum ein Zeugnis Gottes, und ein Beweis für die Vorauserkenntnis. Wir sehen gleichsam mit der Weisheit des Meisters, daß irgend ein unheilvoller Zustand über oder uns in den gewaltsamen Regungen der Luft, des Wassers oder der Erde besteht, wir sehen, daß gleichzeitig eine bestimmte Ursache vorhanden ist, ein Himmelslicht und seine Wirkung, wie während der großen Nässe, die sich im Jahre 1524 infolge der Konjunktion vieler Planeten im Wasserzeichen der Fische zeigte, oder in der großen Hitzwelle des Jahres 1540 wegen der Eklipse im Widderzeichen. So wollte Gott auch, daß die menschlichen Anlagen vorher erkannt werden sollen, damit größere Ueberlegung unser Handeln regieren möge.*

*Dieses alles läßt erkennen, daß einmal mit Weisheit eine solche Verwandtschaft in der Schöpfung eingerichtet wurde, zum anderen, daß Gott uns zu unserem Nutzen helfen will. Darum ist es von Vorteil, mit Weisheit zu erwägen, welche Kräfte den Gestirnen innewohnen. Und aus solchem Grunde fiel nicht die ganze Wissenschaft der Vernichtung anheim, wenn auch einige Schwätzer und agyrtische Grünlinge*) wirres Zeug und Gaukeleien zusammengemengt haben. Und gerade aus diesem Grunde soll die alte Lehre erwogen und erhalten werden, da sie wahrhaftiger und wertvoller ist. Und in der Betrachtung der Natur wollen wir den göttlichen Handwerksmann und Künstler erkennen, und im Bewußtsein tragen, daß er die Natur regiert und in höchster Freiheit schaltet und wahrhaftig jenen, die ihn anrufen, die Leiden lindert.*

*Ich mahne die Pfleger der Weisheit, sowohl dieses Buch des Ptolemaeus zu lesen, als auch danach zu trachten, sein Wissen zu erhalten. Da ich nun weiß, daß Ihr Euren vielen ausgezeichneten Kenntnissen sowohl diejenigen der besten Wissen-*

**) Agyrium* 'Αγυρίον. *Geburtsort des Geschichtsschreibers Diodor. (Anm. des Uebersetzers.)*

*chaftsen anzufügen bestrebt seid und dieses Studium liebt, habe ich mich vorzüglich an Euch gewandt, damit Euer Ansehen auch viele Andere dieses Studium zu pflegen anregen möge.*

*Ich grüße Euch!*

*Anno 1553 im März Monat.*

*Klassiker der Astrologie*

CLAUDIUS GALENOS,
HIPPOKRATES U.A.

# Der Krankheitsverlauf im Horoskop

*Quellentexte zum Dekumbitur*

*143 Seiten, Hardcover, 6 Abbildungen*
*ISBN 978-3-89997-173-6*

Schon die Ärzte der Antike erkannten, dass die Astrologie einen wichtigen Anhaltspunkt für die Krankheitsdiagnose bieten kann. Maßgeblich dazu war das Erstellen eines Horoskops auf den Beginn der Krankheit, eines sogenannten Dekumbiturs. Hieraus wurde der Verlauf der Krankheit und der Zeitpunkt für den Eintritt der heilsamen Krise prognostiziert.
Der vorliegende Band bietet eine Reihe von klassischen Texten zum Dekumbitur. Enthalten ist ein dem berühmten Arzt Claudius Galenos zugeschriebener Text über die »Prognosen zum Dekubitus«. Hippokrates befasst sich mit den Beziehungen des Mondes zu den Krankheiten. Das im 15. Jh. bedeutendste Buch zur Medizin überhaupt stammte von dem Franzosen Jean Ganivet und trug den Titel Amicus Medicorum. Sein berühmtes Beispiel einer eingetroffenen Krankheits-Prognose gibt einen hervorragenden Einblick in die Praxis. David ben Yom Tov (14. Jh.) und Andrea Argolus (16. Jh.) erläutern die Bedeutung der »kritischen Tage« für den Krankheitsverlauf. Nicholas Culpeper, der berühmteste Arzt Englands, zeigt eine Methode, um die Ursachen und den Umschwung einer Krankheit zu erkennen.
So gewährt dieser Band einerseits einen Blick in die medizinische Literatur des Mittelalters und zugleich erschließt er dem heute an klassischer Astrologie interessierten Leser neue Quellen zur Deutung des Dekumbiturs und der daraus abgeleiteten Prognose über den zu erwartenden Krankheitsverlauf.

CHIRON VERLAG

*Klassiker der Astrologie*

JEAN BAPTISTE MORIN DE VILLEFRANCHE

## Astrologia Gallica

*Buch XXI*
*Übersetzt von Erich Thaa, eingeleitet und kommentiert von Reinhardt Stiehle*
*173 Seiten, Paperback*
*ISBN 978-3-925100-26-0*

Es ist eine Ironie des Schicksals, dass in der Astrologie heute sehr wenig über das Werk jenes Mannes bekannt ist, der ihre Deutungsgrundlagen ganz entscheidend geprägt hat: Jean Baptiste Morin, der im Jahre 1630 als Professor der Mathematik an das Collège de France berufen wurde. Das Lebenswerk von Morin trägt den Titel ASTROLOGIA GALLICA, ein mächtiger in 26 Bücher eingeteilter Foliant. Sein Ausgangspunkt ist die Lehre des Ptolemaeus, dessen Werk er aber von allen mittelalterlichen Zusätzen und abergläubischen Regeln bereinigte und mit den Kenntnissen des 17. Jahrhunderts aktualisierte. Das Kernstück seiner astrologischen Theorie bildet die im 21. Buch der ASTROLOGIA GALLICA dargestellte Determinationslehre.
Im ersten Teil des 21. Buches untersucht Morin die Theorien über den Einfluss der Gestirne. Im zweiten Teil beschreibt er sein Lehrgebäude im Detail. Dabei vertritt er die Auffassung, dass die ausschließliche Herrschaft der Planeten und Zeichen vorrangig zu behandeln sei und beschreibt alle Varianten anhand von eingängigen Beispielen.

*»Die Ausgabe des Chiron Verlages stellt die erste lesbare Übersetzung ins Deutsche dar und ist schon aus diesem Grunde für den heutigen Astrologen wärmstens zu empfehlen.«* — *Astrologie Heute*

CHIRON VERLAG

*Klassiker der Astrologie*

WILLIAM LILLY

## Christliche Astrologie

*Buch 3*

*493 Seiten, Leinen, 3 Abbildungen*

*ISBN 978-3-89997-166-8*

Im dritten Teil dieses Klassikers behandelt der Altmeister die Deutung des Geburtshoroskops nach klassischer Manier. Er beschreibt die Methoden zur Geburtszeitkorrektur. Dann stellt er ausgiebig alle Regeln zur Analyse eines Horoskops vor, wobei er den Schwerpunkt auf die Themen Gesundheit, Besitz und Partnerschaft legt. Anschließend behandelt er die Prognose mit den Profektionen, Transiten, Revolutionen und den Progressionen. Den Abschluss bildet das Beispielhoroskop eines englischen Kaufmanns, dem er eine Vorhersage für 25 Jahre machte. So ist dieses Buch ein großer Gewinn für die eigene Deutungsarbeit.

*»Christliche Astrologie – alle drei Bücher – ist eines der großen astrologischen Meisterwerke, das eigentlich in keiner astrologischen Büchersammlung fehlen dürfte. Die klassischen Methoden, die Lilly beschreibt, sind einfach, klar und effektiv. Sehr zu empfehlen für alle Astrologen, die sich für die traditionellen Methoden interessieren.«*

*Meridian 3/2009*

CHIRON VERLAG

*Standardwerke der Astrologie*

ROBERT HAND

## Traditionelle Astrologie

*Ganzzeichenhäuser –*
*Tag- und Nachthoroskope*

*184 Seiten, Hardcover, 10 Abbildungen*

*ISBN 978-3-89997-157-6*

Für einen Astrologen der Spätantike war die wichtigste Frage bei der Interpretation eines Horoskops: Wurde der Horoskopeigner bei Tag oder bei Nacht geboren? Dieser Frage geht Robert Hand nach und zeigt anhand seines ausführlichen Quellenstudiums, welche Deutungsvielfalt in diesem Ansatz liegt. Im zweiten Teil befasst er sich mit dem ältesten Häusersystem, den Ganzzeichenhäusern. Auch hier zeigt er anhand von sonst nur schwer zugänglichen Quellen, wie sich die astrologischen Häuser entwickelt haben.
Beide Methoden werden mit Horoskopbeispielen untermauert, so dass Sie unmittelbar den praktischen Nutzen für Ihre eigenen Deutungen erkennen können. Durch die gelungene Synthese aus Klassik und Moderne hat Robert Hand ein wegweisendes Buch für die Astrologie der Zukunft geschrieben.

*»So wird dieses kleine Buch eine Fundgrube für Deutungsansätze, die für viele moderne Astrologen so neu wie aufschlussreich sein dürften. Es regt an zum eigenen Forschen und Experimentieren, handelt es sich ja um Konzepte und Techniken, die unmittelbar und ohne weitere Berechnungen aus dem Horoskop erkennbar sind.«* *Meridian*

CHIRON VERLAG